文芸社セレクション

最後には
『図太く』勝ち残る国・フランス

小園 隆文

KOZONO Takafumi

文芸社

はじめに

本書は、フランスの歴史とその人物たちを通じて、フランスの【図太さ】を理解してもらうための本です。

では【図太さ】とは、どういうことでしょうか。辞書にはこう書かれています。

○周りの反応など気にせずに平然としているさま。神経が太い（『大辞林』第四版　三省堂）
○大胆でちょっとやそっとではびくともしない（『大辞泉』第二版　小学館）
○非常に図々しい、野太い（同右）

いずれもまさしく、フランスとフランス人を言い表すような意味です。これからお読みいただくフランスの歴史の中で、読者の皆様は何度となく、この【図太い】フランスとフランス人を見ていくことになります。

フランスという国に多くの人が抱くイメージは、花の都パリ、高級フランス料理に高級ワイン、ルイヴィトン・シャネル・エルメスなどの高級ブランドにパリコレ。一見して華やかです。しかしこれらの華やかさは表面上のものです。その奥底には、喩えるなら優雅な白鳥が水面下では懸命に足をばたつかせているような泥臭さ、そしてどんな時でも自分たちの栄光と偉大さをまくし立てる【図太さ】があります。

フランスという国は、個人の人生が山あり谷ありであるのと一緒で、その歴史も常に栄光に彩られてきた訳ではありません。時には戦争に敗れて外国に占領され、または血で血を洗う内戦によって、国力が振るわない不遇の時代もありました。それでもフランスとフランス人は「フランスの栄光・偉大さ」を忘れることなく、不遇や苦境にあっても必ず立ち上がり、そしてそんなものは何事もなかったかのように、禍を転じて福と為す。途中で負けても最後はいつの間にか勝者の側に名を連ね、大国として一目置かれる。そして弱い時でも「さも大国であるかのように」振る舞う。そんな【図太さ】を持っているのがフランスとフランス人です。

私は生きていくに当たって、【(清く) しぶとく図太くしたたかに】ということをモットーにしています。なぜ清くだけがカッコにしているのかというと、多くの日本人には既に聖徳太子の昔から和の精神、神道による清い精神が、程度の差はあれ深層意識、民族の遺伝子レベルで自然と身に付いているからです。その日本人の良さは失わずにこれからも活かし続ける。しかし一方で日本人に足りないと言われるのが、「しぶとさ・図太さ・したたかさ」です。それは特に外国・諸国民と接していく場で顕著に指摘されます。個人間でのやり取りから企業同士の商談、サッカーはじめスポーツの国際試合、そして国同士の命運を懸けた外交交渉の場で、日本人は「正直すぎる」「真面目過ぎる」など度々言われて、その利益・国益が損なわれてきた歴史が多々あります。

ではどうすれば日本人はこの「しぶとさ・図太さ・したたかさ」を身に付けられるのか？　突然変異的に現れる一握りの天才的な人物たちだけではなく、広く国民レベルでこれらを身に付けて諸外国・諸国民と渡り合っていくには、どうすればいいのか？

私がたどり着いた答えは、「自分たちにその資質がなければ、他者から学べばいい」です。その中で【図太さ】を学ぶのに最適な国がフランスです。

その清い精神に加えて【図太さ】を兼ね備えた日本人が一人でも増えて、個人レベルのやり取りからビジネスやスポーツ、さらには外交交渉で諸外国・諸国民と【図太く】渡り合って、日本国の誇りと国益を守る。私の趣味嗜好で始めたことがその一助になるのなら、いやなってほしい！　との思いから、本書を上梓しました。

本書は、文庫本としての紙幅の都合で、フランスの【図太さ】という点に焦点を当てましたので、やむなくカットした点もあります。より本格的にフランス史を学びたいと思われた方は、巻末の参考文献をご参照ください。

本書を読んで、フランス人のような【図太い】日本人が一人でも増えれば嬉しく思います。

目次

はじめに …… 3
1 ケルト・ローマ・ゲルマン　三者ハイブリッドの地・フランス …… 13
（主なキーワード　カエサル　『ガリア戦記』　ローマ帝国　ゲルマン人の大移動）
2 EU（欧州連合）の礎・フランク王国 …… 22
（主なキーワード　シャルルマーニュ　ヴェルダン条約　メルセン条約）
3 カペー朝の奇跡1　イングランドとの腐れ縁 …… 32
（主なキーワード　ユーグ・カペー　アンジュー帝国　十字軍）
4 フィリップ二世・尊厳王　大国への飛躍 …… 40
（主なキーワード　リチャード一世・獅子心王　ジョン欠地王　フランス版関ヶ原）
5 カペー朝の奇跡2　罰が当たった？　奇跡は終焉 …… 48
（主なキーワード　ルイ九世　フィリップ四世　教皇のバビロン捕囚　ヴァロワ朝）

6 百年戦争　仏英の正式離婚……57
（主なキーワード　シャルル五世　シャルル六世　ヘンリ五世　ジャンヌ・ダルク）

7 ハプスブルク家・三百年の宿敵……76
（主なキーワード　フランソワ一世　カール五世　宗教改革　イタリア戦争）

8 アンリ四世　フランスを救った「とんぼ返り」……94
（主なキーワード　エリザベス一世　フェリペ二世　ユグノー戦争
ナントの勅令「トロワ（三人の）アンリの戦い」）

9 ブルボン朝　栄華を極めたその先に……110
（主なキーワード　ルイ十三世　ルイ十四世　リシュリュー　マザラン）

10 ルイ十六世　人が善すぎて図太さに欠けた名君……149
（主なキーワード　フランス革命　アメリカ独立戦争）

11 大革命　大事な「何か」を失ったフランス……168
（主なキーワード　マリー・アントワネット　ロベスピエール）

12 ボナパルト　フランスを乗っ取ったイタリア人……172
（主なキーワード　トラファルガーの戦い　三帝会戦　諸国民の戦い）

13 タレイラン　「悪いのはナポレオン」でフランスを救った名外相……185
（主なキーワード　メッテルニヒ　ウィーン会議）

14 王政・共和政・帝政　あてどなく彷徨うフランス……193
（主なキーワード　ナポレオン三世　二月革命　普仏戦争　パリコミューン）

15 第三共和政　とにかく打倒ドイツ！……210
（主なキーワード　ベル・エポック　第一次世界大戦）

16 ドゴール　意志の力でフランスを戦勝国へ。真の救国の英雄……224
（主なキーワード　チャーチル　ヒトラー　第二次世界大戦　レジスタンス）

17 それでもフランスは【図太く】勝ち残る……237
（主なキーワード　ジスカールデスタン　ミッテラン　シラク）

「フランス、フランス、汝がなければ世界は孤独」

（ヴィクトル・ユゴー　作家）


「フランスは世界の光。フランスの至高の使命は、宇宙を照らすこと」

「過去五百年を通して、フランスは偉大な国家であるという習性を体得した」

（シャルル・ド・ゴール　軍人・大統領）


「フランスはヨーロッパにおいてもっとも聡明かつ危険な国である。その結果としてフランスは、崇拝、憎悪、憐れみ、恐怖の対象に最もなりやすい。しかし無関心の対象には決してなり得ない」

（アレクシス・ド・トクヴィル　政治家・政治思想家）


「フランス人は飽き飽きした状態に耐えられない」

（アルフォンス・ド・ラマルティーヌ　政治家）


「おお、限りなく幸福にして肥沃な地よ！

おお、ヨーロッパの真珠よ！　おお、この世の楽園よ！

我は、汝に限りないあいさつを捧げる。

フランス、戦士たちの母よ！」

（ギヨーム・デュ・バルタス　詩人・外交官）

1　ケルト・ローマ・ゲルマン　三者ハイブリッドの地・フランス

今のフランスとその周辺地域は、古来より気候が比較的温暖で、それもあって様々な民族の移動や交流が盛んに行われてきました。1868年、レ・ゼジーという村の岩陰から、人類の直接の祖先に当たるとされる「新人（ホモサピエンス）」の人骨が発掘されます。クロマニヨン人の名でよく知られています。

BC6000年頃から、巨石を用いた建造物が特徴の新石器時代に入りますが、フランス北西部ブルターニュ地方に、「カルナック列石」（BC4000～BC2000年頃）と呼ばれる巨石の遺跡があります。100メートルほどの幅の中に10～13列に並んだ直立巨石の石柱が4キロほどの距離で並んでいます。造られた目的は「精霊や巨人が建てた伝説の地」、戦士の墓、天文台、蜃気楼の観測所など諸説あり、特定はされていません。ブルターニュ地方はブリテン島にも近く、その名前はブリテン島から来たブリトン人に由来します。

時代は下り、BC600年頃からインド・ヨーロッパ語系に属する諸族が今のフランスの地に流入し、一部はそのまま定住・土着化していきます。この時期はまた、古代ギリシア人が西地中海に進出してきた時期と重なり、多くの植民都市を建設し、そこを交易の拠点としました。フランスで一番有名なのは、古代ギリシア人の中のアカイア人という部族が建設したマッサリア、現在のマルセイユです。その他にアンティポリス（現アンティーブ）、ニカイア（現ニース）なども、古代ギリシア人による植民都市が起源です。これら植民都市が大きな拠点となって、交易だけではなく地中海の文化がローヌ川を辿って北上していきました。

次に確認されるのがケルト人と呼ばれる集団です。元々は中部ヨーロッパに住んでいたとされますが、気候の寒冷化によってバルト海沿いから南下してきた集団に押し出される形で、現在のフランスやブリテン島、イベリア半島などに移り住み、そのまま土着していきます。このケルト人の文化・習俗というのはヨーロッパの大半の地域でその基層を成しているとされ、特に神話や信仰の面で色濃く残ります。この時はまだ厳格な一神教ではなく、それぞれの集団・部族が多数の神々による物語などから構成される多神教を素朴に信仰していました。ケルト人の神々ではエスス（豊穣の神）、ディス・パテール（冥界の神、祖霊神）、トゥタテス（軍神）、スケルス（鍛冶・農業神）、エポナ（馬女神）などがあります。これらがケルト人の土着化と共に根付いていき、さらにその後に植民してきたローマ人の神々と習合していきます。

また、現在に至る都市名や河川名にもケルト由来のものが多くあります。フランス以外ではウィンドボナ（現ウィーン）、メディオラーヌム（現ミラノ）、ライン川やテムズ川が有名です。フランスでは、ケルトの「光の神」ルーグ由来のリヨン、部族名「パリジオルム」由来のパリ、そのパリを流れるセーヌ川、他にもトゥール、ポワティエ、カレー、ランスなど、ケルト由来の地名は多数あります。

ケルト人たちはＢＣ２世紀頃から、貿易で富栄えるギリシア人の植民都市を度々襲撃します。これに太刀打ちできないと判断したギリシア人たちは、同盟関係にあったローマに救援要請を出し、これを受けたローマ人たちが現フランスの地に本格的に乗り込んできます。そしてローマ人はこの地に住むケルト人たちを「ガリ」、ガリが住む地を「ガリア」と呼びます。「ガリア」とはローマ人がつけた名称です。ガリア人＝ケルト人と思ってください。因みにフランス語ではガリアは「ゴール Gaule」、ガリア人は「ゴーロワ Gaulois」です。フランス産たばこのゴロワーズはここから名付けられています。

ガリアの地は森と川と平野に恵まれ、ケルト人たちは多くの部族に分かれて暮らしていました。部族内では、司祭と政治指導者を兼ねるドルイドを頂点に、貴族（＝戦士）、平民（農民・職人など）で構成されていました。信仰はケルト系の土着の神々に、徐々にオリエントやローマの神々が習合していった多神教です。ドルイド教とも呼ばれますが、宗教というよりはもっと幅の広い「教え」のようなものに近いとされています。神殿もないので森の中で祭式を行い、美術や農耕技術もそれなりに発展して豊かな文化がありましたが、ガリア（ケルト）人の統一国家はまだ形成されていませんでした。

こうしてケルト人たちはヨーロッパの広範囲に、その基層となる偉大な文化を残しましたが、集団行動が苦手だったようで、遂に大きな政治単位にまとまることがありませんでした。

これはケルト研究専門家の方々によって、

「もしこの動きが一つの意志によって導かれていたならば、ヨーロッパ史上最大の帝国が生まれていたであろう」（G・ヘルム『ケルト人』）

「ケルトの人々は、散在する部族を一つの帝国あるいは連邦国家に結合することができたはずの**中央組織を作る才能と結合意識に欠けていたのである**」（P・マッカーナ『ケルト神話』）

と指摘されております。この「**まとまることが苦手**」というケルト人の遺伝子が、この後のフランス人たちの行動にも色濃く刻印されています。

対してローマの方は先進の地中海文明により都市化を果たし、信仰だけではなく政治・経済・軍事、全ての面においてガリアよりもはるかに文明化・組織化が進んでいました。こうしたガリアとローマが衝突しても、明らかにローマが優勢で圧倒します。地中海沿いのガリア人部族に圧勝したローマはそこに、「ナルボネンシス」という属州（プロヴィンキア）を建設し、ガリア進出の拠点作りに成功します。プロヴィンキアは現在のフランス南東部、イタリア国境と接したプロヴァンス州の由来となりました。

着々とガリア植民の足場を固めるローマはBC58年、ガリア地区総督に就いていたかの有名なガイウス・ユリウス・カエサルの時に、本格的にガリア全土の制圧を目指して軍を北上させます。名目はやはり同じ頃にガリアへの侵入を始めたゲルマン人の討伐と一石二鳥で、ガリア人も鎮圧することです。ここにガリアの地はガリア（ケルト）人・ローマ人・ゲルマン人の三種族がせめぎ合う地となりました。図らずも今のフランス人（ガリア）・イタリア人（ローマ）・ドイツ人（ゲルマン）の遠い祖先たちです。

カエサルはガリア人やゲルマン人たちを激しい戦闘の末に平定し、遂にガリア全土をローマの属州とします。この間の数多の戦闘経過は、カエサルの『ガリア戦記』に詳しいです。その中でカエサルはガリア人のことを、「あらゆる部族、ほとんどの家族に党派があり」、また「プロヴィンキアからの舶来品で贅沢に慣れ、ゲルマン人に幾度か負けてからは、彼らと武勇を争おうとしなくなった」と、はるか後年の独仏関係を彷彿とさせる、意味深な記述をしています。こうして手に入れた地をローマ人は、「ガリア・コマタ（長髪のガリア）」と名付けます。いかにも（ローマから見れば）蛮族と見なす人々に付けるような名前です。BC27年、カエサルの養子オクタウィアヌスが初代皇帝アウグストゥスとして、ローマを共和政から帝政に移行させます。アウグストゥスはこのガリアをさらに「アクィタニア」「ルグドゥネンシス」「ベルギカ」という三つの属州に分けました。既に属州のナルボネンシスと合わせて、ガリアは四つのローマ属州に分割統治されます。「ベルギカ」はこの辺りに住んでいたベルガエ人という部族に由来し、現在のベルギーの国名の由来でもあります。

ローマの本格的な進出によってローマ文明の流入も促進され、以後西暦400年頃までを「ガロ・ローマ時代」と呼び、ローマの影響力が決定的となります。その信仰もかつてのケルトの神々がローマ神話の神々、ユピテル（主神）・マルス（軍神）・ディアーナ（月女神）・メルクリウス（交易神）などと習合していきます。日本での神仏習合と似た状況です。現在のフランス語の曜日は「マルディ（火曜）」「メルクルディ（水曜）」「ジュディ（木曜）」など、ローマ神話の神々の名が使われています。また円形劇場や闘技場・公衆浴場などが設けられたローマ風都市も多数建設され、それまでは狩猟と農耕が中心だったガリアの貴族たちが都市に移住し始め、軍務や行政に協力してローマ市民権を得る者も多数出てきました。この時代に建設されたものには有名なニームの水道橋「ポン・デュ・ガール」など世界遺産に登録されているものも多数あります。こうしてガリアのローマ文明化が進んでいきました。

やがて時代は「パクスロマーナ（ローマによる平和）」と呼ばれる、ローマ帝国の最盛期を迎えます。元来が肥沃な土地であったガリアは、ローマ帝国の属州となることで、さらに発展します。特にブドウやオリーブ栽培などの農業が盛んになります。こうした農産物はローマ軍兵士たちの胃袋を満たしたことはもちろん、ローマ帝国の各地に輸出もされ、特にガリア産の葡萄酒は帝国の他地域でも人気を博しました。現在のワイン大国・フランスの萌芽です。

やがてローマ帝国の国力が衰えを見せてくると、広範な防衛線の各地で外敵や蛮族の侵入に悩まされるようになります。ローマ帝国の北の防衛線は、ライン川とドナウ川です。この両河川の向こう側はローマ文明に属さない野蛮な地とされました。そして西暦１００年代後半頃から、そのライン・ドナウの向こう側から、ゲルマン人たちが再びガリアに流入してきます。長い平和に慣れ切ったガリア人たちは、このゲルマン人の流入に混乱を来します。混乱の要因はゲルマン人だけではありません。ガリア州総督ポストゥムスが勝手にローマ皇帝を名乗って「ガリア帝国」を建て（２６０年）、ブルターニュ半島では農民が蜂起してローマから独立を宣言（283年）。いずれも短期間で鎮圧されますが、帝国の最重要属州・ガリアの混乱は一層深まります。

395年にテオドシウス帝が亡くなると、長男アルカディウスはコンスタンティノープルを首都とする東ローマ帝国を、次男ホノリウスはローマを都とする西ローマ帝国を分割統治。ローマ帝国は二分され、ガリアは西ローマ帝国の支配下に組み込まれます。

それでもゲルマン人の流入は止まりません。この時代、西暦300年代。地球全体が寒冷期に入り、シベリア・中央アジアの騎馬民族→アジア系遊牧民のフン族が黒海→その地のスラヴ人らが西へ→ゲルマニア・東欧のゲルマン人がローマ帝国の防衛線を越えて流入。教科書には「ゲルマン人の大移動」と書かれる事件で、ユーラシア大陸規模での民族玉突き移動の一環です。ドナウ川沿いはアルプス・カルパティアなど山脈の障害があるのに対し、ガリア方面ではライン川しかありませんから越えるのも楽なため、ゲルマン人たちは大挙して流入してきます。こうしてゲルマン人のヴァンダル・アラン・スエビ・西ゴート・ブルグント・フランクといった部族がそれぞれでまとまって定住し、やがてそれらは西ローマ帝国内の独立王国のような様相を呈し始めます。

以上、ここまでの動向から、ガリア（フランス）の地には、ケルトがその基層を成し、

その上にローマとゲルマンが微妙な配合でせめぎ合っていることが分かります。つまりこの後に続くフランスという国には、

◎ケルトの分散性
◎ローマの組織力
◎ゲルマンの戦闘性

この三つのハイブリッドという特性があります。

強烈な自己主張でなかなかまとまれない分散性（ケルト）。
←それを何とかまとめるために中央集権化＝強大な王権（ローマ）。
←それに反発して度々騒乱や革命を起こす戦闘性（ゲルマン）。

これら三つの要素が綱引きを繰り広げ、時にまとまり時に暴発し、崩壊の瀬戸際まで行くことも。しかしこの危うさが一方では、フランスを魅力ある国にしています。このケルト・ローマ・ゲルマン、三者ハイブリッドの特性が、この後のフランス史の基層を成しま

す。

2　ＥＵ（欧州連合）の礎・フランク王国

４７６年、ゲルマン人傭兵隊長オドアケルの反乱により、西ローマ帝国は滅亡。ガリアを中心とした西ヨーロッパもしばらくはゲルマン部族の群雄割拠時代に。

ゲルマン人諸部族間の淘汰が繰り返され、西ゴート王国（４１８年）・ブルグント王国（４４３年）・フランク王国（３５８年）の鼎立状態になります。西ゴート王国はガリア南西部のトロサ（現トゥールーズ）、ブルグント王国はガリア南東部のリヨンが中心です。ワインで有名なブルゴーニュの地名はこのブルグント族が由来です。そしてフランク族は少し早く３５８年に、今のベルギー北西部付近に定住して徐々にガリア北部に移ってきました。この三つの部族が覇を争った結果、フランク王国が西ゴート王国（５０７年）、ブルグント王国（５３４年）を破り、ガリアでの覇権を確立します。

そのフランク王国の中興の祖とも言えるのが、クローヴィス一世です。十六歳で国王に即位（４８１年）すると、ブルグント王国の王女クロチルドと結婚し、キリスト教に改宗

（496年）。これは信仰よりも政治的な事情。この当時のガリアのゲルマン人は全人口の5%ほどとされ、安定した統治を行うためにはローマ貴族の協力が不可欠だったためです。その後のクローヴィス一世はパリを都にする（508年）など順調に王国を発展させます。511年に死去した時には、フランク王国はブルターニュ半島など一部を除き、現フランス領土にかなり近いところまで拡がっていました。このクローヴィス一世が創始した王朝を、その祖父の名メロヴィクスに因んでメロヴィング朝と呼びます。

ローマ帝国の分裂により、教会もローマとコンスタンティノープルに分裂しています。東ローマ帝国という政治・軍事の後ろ盾を持つコンスタンティノープル教会に比べると、西ローマ帝国が滅んだローマ教会は何とも心許ないです。そこにフランク王国の興隆は、ローマ教会にとっては救いの神でした。これによってローマ教会は政治と軍事の後ろ盾を築き、フランク王国は他部族の征服に「異端からの解放」という大義名分をそれぞれ得ます。クローヴィス一世はローマ教会管轄の、ランスの大司教の下で改宗。この後、歴代フランス国王がランスのノートルダム大聖堂で戴冠式を行うのが神聖なる儀式として定着していきます。

クローヴィス一世の死後、その王国は四人の息子たちに分割相続されます。フランク族の「財産は男子に均等に相続する」という慣習によるものです。この後も王が死ぬ度に分割相続を繰り返し、700年頃にはアウストラシア（東分王国）、ネウストリア（西分王国）、ブルグントという三王国体制になります。

七世紀に入ると、地中海の向かい側、北アフリカでウマイヤ朝というイスラム教徒の王朝が勢力を伸ばしてきます。このウマイヤ朝は北アフリカからアラビア半島～中央アジアに至る大帝国です。そのウマイヤ朝がジブラルタル海峡を越えてイベリア半島に侵入し、西ゴート王国を滅ぼし（711年）、イベリア半島は以後1492年までの約800年間、イスラムの勢力が居座ります。

そのウマイヤ朝はさらにピレネー山脈を越えてガリアに侵入してきます。しかしここで一人の傑物が登場します。アウストラシアの宮宰（首相）ピピン二世の子として生まれたシャルルです。シャルルは父の死後宮宰に就き、さらにネウストリア・ブルグントの宮宰も兼ねます。こうして三王国の力を結集できる立場となったシャルル。トゥール・ポワティエ間の戦い（732年）でウマイヤ朝の軍を破り、ピレネー山脈の向こう側に追い返しました。以後イスラム勢力がピレネーを越えてくることはありません。ただしウマイヤ朝のイベリア半島支配は揺るがず、「たまたま負けた」くらいの感覚です。ヨーロッパに対するイスラムの優位も揺らぎません。この当時、世界の中心はイスラム・オリエント世界。ヨーロッパなんて片田舎です。一方、シャルルはこの勝利によって王国内での地位をより盤石なものとし、フランス語で「鉄槌」を意味する『シャルル・マルテル』という異名を付けられました。

シャルル・マルテルが死去（741年）すると、その役職を含む財産もまた六人の息子たちに分割相続されます。その中から頭角を現してきたのがピピンです。ピピンと長兄カールマンは兄弟たちを幽閉したりと、汚れ仕事に手を染めます。それを悔悛したのか、カールマンが自らの意志で修道院での信仰の道へ。ピピンは父マルテルと同じく、全フランク王国の宮宰を兼ねました。この頃、フランク国王は無能な王が続きました。そこでピピンはローマ教皇に**「王の称号を持つ者と、王ではないが王権を行使できる者。どちらが王たるべきか？」**と問います。強力な後ろ盾が欲しいローマ教皇は、「後者である」と返答。これにローマ教皇のお墨付きを得たと判断したピピンは、国王を退位させて自らピピン三世としてフランク国王に即位（751年）。家臣による王国乗っ取りです。こうしてクローヴィス一世のメロヴィング朝はあっけなく滅びます。ピピン三世は父シャルル（独語でカール）の名を取って、新王朝を「カロリング朝」として創始します。

しかしピピン三世も人の子。王国乗っ取りという行為に、どこか後ろめたさがあったのか？　自分の行為（黒歴史）を正当化する必要性を感じたのでしょう。即位に当たって司教が体に聖油を塗る「塗油」という、『旧約聖書』に基づくキリスト教の儀礼を取り入れます。これで自身の後ろめたさが消えた半面、ローマ教会に借りが出来ました。そこで教皇の求めに応じて、イタリア半島で教皇を脅かしていたランゴバルド王国を攻めて勝利（756年）。獲得したラヴェンナ地方をローマ教皇に寄進します。「ピピンの寄進」と呼ばれ、後の「ローマ教皇領」の起源です。

そのピピン三世の死去後（768年）、またもやシャルルとカールマンによる分割相続。しかしカールマンは即位三年で死去したため、その分もシャルルが引き継ぎ、以後はシャルル一世の単独統治となります。シャルルは即位から戦いに次ぐ戦いを重ね、四十六年の治世で五十三回の軍事遠征。一年に一回以上の割合で戦い続けました。南でイタリア半島のランゴバルド王国を滅ぼし、東は現ドイツ東部のエルベ川付近まで進出して、ゲルマン人諸族やスラヴ人なども王国に糾合。南西ではピレネー山脈を越えてウマイヤ朝と戦い、結果は痛み分けも若干の領土を獲得。気がつけばフランク王国の領土は現在の地図に当てはめると、東はハンガリー、西はスペイン、北はオランダ、南はイタリアにまたがる広大なものに。これは現在のEU（欧州連合）の版図とほぼ重なります。シャルル一世が獲得した領土はいわばヨーロッパの原風景にして基盤。そしてEUはこのフランク王国へのヨーロッパ人の郷愁と帰巣本能が作ったもの。逆にこの中にブリテン島、つまりイギリスは含まれず。そのイギリスはEUを離脱（2020年）。やはりフランク王国の領土外にあった、つまり「我々はヨーロッパではない」という深層心理も働いたのでしょうか。

二度の領土寄進と大領土の獲得、そして祖父の代からの宗教的つながりもあり、「これはいよいよ東に対抗するのにもってこい」と判断したローマ教皇レオ三世は、西暦８００年12月26日のミサ当日、シャルルに『ローマ皇帝』の帝冠を授けます。西ローマ帝国の崩壊後、３２４年ぶりに西欧にローマ皇帝が復活しました。

そのシャルルは度重なる軍事遠征による力押しだけではなく、内政や文化面にも功績を残しました。全土を五百の地域に分けて自らが任命した「伯」を派遣して統治の安定を図ります。またローマ皇帝としてラテン語によるローマ文化の復興、後に「カロリング・ルネサンス」と呼ばれる文芸復興運動も行いました。こうした業績から『シャルルマーニュ』（偉大なるシャルル）と呼ばれます。一方ドイツでは『カールマグヌス』、日本では「カール大帝」とも呼ばれ、その亡骸は現ドイツのアーヘン大聖堂にあります。独仏両国で「大帝はうちの国の人」という歴史論争もありますが、本書はフランスを扱う本なので、フランス語でシャルルマーニュと呼びます。またその領土がほとんど現ＥＵの版図に重なることもあって『ヨーロッパの父』とも呼ばれ、ＥＵは欧州統合に貢献した人に授ける賞として「シャルルマーニュ賞」を設けています。

戦いに明け暮れたシャルルマーニュの生涯は、８１４年に終わりを告げます。その後は三男のルイがルイ一世として王国を継ぎます。幸か不幸か他の兄弟たちは皆早逝したため、単独相続に。しかしルイ一世には長男ロタール、次男ピピン、三男ルートヴィヒという三人の息子がおり、さらに再婚したユディトとの間にシャルルという男子が生まれたことが話をややこしくしました。そして兄弟間で壮絶な争いが繰り広げられた末に、ヴェルダン条約（843年）が締結され、フランク王国は東・中部・西に三分割。東フランク王国は三男ルートヴィヒ・ドイツ人王が相続。ゲルマニア（現ドイツ）の大半。中部フランク王国は、長男ロタールがイタリア王そして西ローマ皇帝として受け継ぎ、現フランスの基礎となっていく西フランク王国は、異母弟シャルルがシャルル二世として継ぎます。

ヴェルダン条約の後の西フランク王国は、シャルル二世・禿頭王（843〜877）の長期王権となります。「実は禿頭ではなかった」とする説もありますが…。その禿頭王、中部フランク王国の混乱に乗じて、東フランク王国のドイツ人王とメルセン条約を締結（870年）。中部フランク王国はこの時、ロドヴィーコ二世が、後ウマイヤ朝との戦いで手が離せず、そのどさくさに紛れて二人だけで締結します。その結果、中部フランク王国の北海岸からアルプス付近までの細長い領地部分が、東西フランク王国間で山分けされます。この部分が後に時代を下るにつれて、フランスとドイツの国境になっていきます。この地は別名「ロタリンギア」と呼ばれます。ロドヴィーコ二世（ロターリオ）の領地だったことに由来します。今でも地名で残るフランスのロレーヌ（独語ロートリンゲン）の由来です。

ヴェルダン・メルセンの二条約はフランク王国の鎮魂歌になりました。以後、ほんの一時の偶然を除いてフランク王国が再統一されることはありません。そして東フランク王国はドイツ、イタリア王国はイタリア、西フランク王国はフランス。それぞれの領土の大枠となっていきます。

シャルル二世・禿頭王は、内輪もめに乗じて東フランクに侵攻するも失敗し、王国統一の夢ならず死去（８７７年）。禿頭王の次はルイ二世・吃音王（８７７～８７９）、ルイ三世（８７９～８８２）とカルロマン二世（８７９～８８４）の兄弟による共同統治と短命王権。一時期は東フランク王国のカール三世・肥満王が西フランク王、さらにはイタリア王と西ローマ皇帝も兼ねるも、すぐにまた分割。

西暦８００年代のフランスと西欧は、地中海沿岸のイスラム勢力・後ウマイヤ朝、東からのアジア系マジャール人（現ハンガリー人の祖）、そして北からのノルマン人（北方の人）にたる脅威に晒されます。特にノルマン人たちはパリで略奪行為（８４５年）を繰り広げるなど暴れまわります。因みにノルマン人たちは、自称「ヴァイキング（入り江の人）」です。

内では安定しない王権、外では異民族の脅威。こういう混乱期に、民は強いリーダーを求めます。肥満王が死去すると「血筋ではなく選挙で国王を」という動きになり、パリをノルマン人の襲撃から死守するという功績を残した、ロベール家のウード（888～898）が国王に就きます。初めてカロリング家以外の国王が誕生しました。ロベール家は元をたどればライン川中流域に起源を持つ一族です。

ノルマン人の侵入は相変わらず続きます。北の荒波で揉まれたノルマン人に、王国は軍事ではなかなか太刀打ちできません。そこで一計を案じたシャルル三世・単純王（893～922）は、襲撃してきたノルマン人の首領ロロと交渉し（911年）、「略奪を止め、キリスト教に改宗するなら土地を与えよう」という条件提示をします。ロロはこの条件を受け入れ、北部のドーバー海峡沿いの土地が与えられます。これが今も残るノルマンディ（ノルマン人の土地）です。こうしてノルマン人を手なずけ、臣下にすることには成功しました。しかしその後も相次ぐ異民族の侵入や内外の混乱に、王国はまとめに対処できず、各地方ではシャルルマーニュの時代から派遣されていた伯（コント）が長年に亘って実力を蓄え、領邦君主と呼ばれる貴族に発展していきました。彼ら有力貴族たちは、王権が不安定な状況の中で段々と発言権を強めていきます。やがて国王はこうした有力貴族たちによる選挙で選ばれていくようになります。国王選挙を除けば、日本の武士の台頭に似た状況です。
９２２年、単純王に不満を持つ貴族らの協力を得て、ロベール一世として国王に即位。しかしソワソンで単純王との戦闘が勃発し、そこでロベールは戦死。しかしロベール一世にはユーグという一人息子がいて、これが大物でした。そのまま「大ユーグ」と呼ばれます。単純王との戦いに勝利すると、パリ伯など各地の修道院長の地位を占めて、王国の事実上の最高実力者に。大ユーグは９５６年に死去。ロベール家を継いだのはユーグ・カペーです。

王位はルイ五世が跡継ぎを残すことなく死去（９８７年）することで、カロリング家の血統が途絶えることとなりました。すでにお隣の東フランク王国でも、カロリング家の血統が途絶えています。フランク王国の再興・再統一という考えも消えていき、この後は段々と各王国独自の道を歩んでいく傾向がより顕著になってきます。

さてルイ五世の死去により、直ちに新国王選出のための会議。候補者にはルイ五世の伯父である下ロレーヌ公シャルルと、フランキア大公ユーグ・カペーです。結果はランス大司教のひいきもあり、また各地の諸侯とも姻戚関係を結んでいたユーグ・カペー（９８７〜９９６）が選出され、カペー朝が始まります（９８７年）。カペーとは聖職者がまとうケープのことで、ユーグが愛用していたことからそのままあだ名となり、ユーグ・カペーと呼ばれるようになりました。この「カペー」という単語は後にポルトガル経由で日本に入ってきて、「合羽」の語源になったとされています。ここからカペー朝が約三百年、その次は傍系のヴァロワ朝が約二百五十年、その次はその傍系のブルボン朝が約二百年。フランス革命で処刑されるルイ十六世までおよそ八百年にわたって、ユーグ・カペーの血筋に連なる者がフランスの王に就いていきます。

3　カペー朝の奇跡1　イングランドとの腐れ縁

国王に即位したとはいえ、この時のカペー家の領地はパリ周辺のほんの小さなものです。その貧弱な王権に少しでも何らかの箔を付けて、正統性を誇示する必要があります。そこでクローヴィス一世、ピピン三世、ルイ敬虔王、色々ある昔の故事から塗油と聖別を引っ張り出してきます。ランスで戴冠式を行い、ランスに保存されている聖油で塗油された王こそ神の意に基づいた王、という演出が加えられていくようになり、時代が下るとともに聖なる儀式として定着していきました。**継続は力なり。どんなことでも回数を重ねていけば、もっともらしくなるもの。**当初は弱小だったカペー朝も、この儀式と共にその王権が徐々に確立されていきます。そしてこのカペー朝の創始がフランク王国の完全な分離、西フランク王国からフランス王国へ。つまり真のフランス建国といえます。

しかしまだまだ「フランス国王」の威光は無きに等しいものです。ユーグ・カペーに臣従していたと言えるのは、パリ周辺とオルレアンのイル・ド・フランスぐらいで、パリから遠くなればなるほど忠誠度も低くなっていきます。「とりあえず国王としては認めてあげるから、うちの所領に余計な口出しはしないでね」といった態度です。実際、カペー家よりもはるかに広大な所領を持つ領邦君主もいました。

こうして肩身の狭い思いを強いられながらも、ユーグ・カペーは慌てず騒がず地道に王権強化に努めていきます。まずは即位半年後に、息子のロベール（後のロベール二世）を共同統治者として即位させます。こうして国王は選挙ではなく、長子への継承という形式を慣習化・既成事実化していくことに成功。といっても古今東西どこの国の王朝でも、この「（男子の）跡継ぎを絶やさない」ことを願いつつも、現実には男子が生まれない、生まれても早逝したなどの事情で王位の継承が絶えるということがしばしば。しかしカペー家はよほど神様の覚えがめでたかったのか、ご先祖様の行いが良かったのか、男子継承者が途絶えず、壮年と呼ばれる年齢まで生きて国王の任を果たし、それなりに及第点を付けられる国王を十代に亘って輩出し続けたのです。王位継承の揉め事は国運を傾けますから、それがなかっただけでもカペー朝は僥倖に恵まれました。これを「**カペー朝の奇跡**」と呼んでいます。

のみならず、カペー朝の強みはその地の利です。セーヌ・ロワールなど各河川が交叉する要衝の地であるパリとその周辺のイル・ド・フランスは、各地の大商業圏同士を繋ぐ地の利に恵まれていたことで、自ずから経済が発展します。その経済力を背景に、レジストと呼ばれる法律の専門家を王の側近として登用し、自領の統治・徴税・財政・軍事・外交などの充実に力を発揮させます。フランスは今も昔も**パリが最重要都市**なのです。

ですが、まだとても堂々と「フランス王」と名乗れる身代ではありません。それでもユーグ・カペーは己を知っていたのか、国王面《づら》して振る舞うのではなく、むしろ地方の領邦君主たちに気を使いながら、そして機を見ては他家との婚姻やお家騒動に乗じて領地拡大。本当に本当に徐々にではありますが、カペー家の領地は拡大していきます。四代国王のフィリップ一世時には、初めてその領地はロワール川を越えて南仏を窺えるようになりました。一方でノルマンディ公ギヨームが海峡の向こうブリテン島の王位争いに勝ち、イングランド王ウィリアム一世として即位します（１０６６年）。これが後にフランスの歴史にあまりにも複雑に絡んでくるのですが、これは追い追いと。

カペー朝の治世に入るのとほぼ同時期、特に現在の南仏クリュニーを中心に修道院改革運動が勃興します。大よそいつの時代でも教会・修道僧の腐敗・妻帯・戦闘・強奪などは問題になっています。もちろん謹厳実直な修道僧もいますが、同じ数だけ腐敗した修道僧もいます。またナルボンヌでの公会議（990年）で騎士たちに暴力停止の誓約（神の平和）や、騎士同士が揉め事を決闘によって解決することを防ぐ運動（神の休戦）も決議。カロリング朝の統治力が弱まって以降、地方領主が武力で教会や農民を襲い、その財産を奪う事件が多発していたためですが、これによって騎士たちは浪人状態に。

クリュニー修道院に端を発した改革運動はやがて、「聖職売買禁止（シモニア）」（1059年）などを巡る、ローマ教皇対神聖ローマ皇帝、政治的には（疑似）ドイツ対（疑似）イタリアという図式に。しかしフランスはまだ蚊帳の外。カペー家は着実に領地を拡げているとはいえ、いまだ現在のフランスの半分足らず。それでもカペー家の国王たち、一人一人を見れば、フランス人らしく愛人問題を起こす人もいますが、王位の安定と継続だけはしっかりやっています。初代ユーグ・カペーこそ在位九年（987〜996）ですが、以後はロベール二世（996〜1031）、アンリ一世（1031〜1060）、フィリップ一世（1060〜1108）と軒並み長期王権。しかも各々が男子の後継ぎをきちんと遺し、生前中に共同統治者に据えるという手順だけはしっかりと踏み、いつしか国王はカペー家というのが定着してきました。

1085年、初のフランス人教皇・ウルバヌス二世が誕生。もっとも本人はまだ「フランス人」という意識はなかったでしょうが。ウルバヌス二世は未だ教権との対立をやめない皇帝ハインリヒ四世を追い詰める一方で、1095年11月28日のクレルモン公会議で、十字軍の呼びかけ。聖地を異教徒から奪回することがキリスト者の義務であるとし、「神がそれを望み給う」という言葉で締めくくりました。このウルバヌス二世の宣言が多くの信者の心を揺り動かし、第一回十字軍の出発が決定（1096年8月15日）。ヨーロッパ各地からの諸侯・騎士たちで結成された第一回十字軍は、エルサレム奪回の悲願を果たします（1099年）。

もっともウルバヌス二世が十字軍をぶち上げたのは単に「聖地エルサレムを異教徒から解放」という、純粋無垢な信仰心からだけではありません。まずは支援を依頼してきた東ローマ皇帝に対して恩を売り、ローマが全キリスト教会の上に君臨するという思惑。「神の平和」「神の休戦」によって決闘などを禁じられ、力を持て余し気味の騎士たちに働き場を与え、教会財産の安全や治安回復を図ること。そしてこの時代は農業技術や商業の発展に伴って余剰生産物が増えて、人口も増加。しかしヨーロッパは狭く、そこでもっと住める土地を増やしてそこに移住させればいい、という人口対策の側面も。十字軍だけではなく、ほぼ同時期のドイツ騎士団の東方植民や、イベリア半島のレコンキスタ（国土回復運動）も同じ理由。決してきれいごとだけではありません。

フランスのお隣ドイツとイタリアは、皇帝と教皇が司教の任命（人事権）をめぐる、激しい叙任権闘争を繰り広げています。それほど大規模なものではありませんが、フランスでもそれと同じ争いがありました。もっともこちらはフィリップ一世の離婚による破門という立場の弱さもあって、力関係でローマ教会が優位。フィリップ一世がローマ教会の優位を認め（１１０４年）、その後には子のルイ六世が妥協案をまとめます（１１０７年）。ルイ六世には肥満王の異名があります。食べ過ぎが祟って晩年には馬にも乗れないほどに太り、慢性の肝臓病・水腫・不眠症に悩まされたとのこと。

そのルイ六世（１１０８〜３７）の治世も二十九年の長きにわたります。幼少期をサン・ドニ大修道院で過ごしたせいか信仰心も篤く、「神の平和」に則って特に修道院に損害を与えた領主たちを叩くことで領地を拡げつつ、教会の覚えもめでたいものにするという一石二鳥の策でカペー家の勢力を拡大していきます。治世の途中からは名補佐役にも恵まれて、カペー家の統治を安定させます。高等法院・会計院・尚書局といった行政機関も整備され、農業技術の発達による生産力の増加、それに伴う人口増加、商業の発展、結果として王家の税収増。ようやく王国らしくなり、好循環が生まれてきました。

こうして着実に力を増してきたカペー家に、これまで国王を舐めてきた地方領主たちもご機嫌を伺うようになってきます。その中の一つに南仏に広大な領地を持つアキテーヌ公もいました。大雑把に今のフランス西南部を全部領有しています。そのアキテーヌ公が、女子相続人の後見役を国王に依頼。その相続人の名はアリエノール。既に共同統治者になっていた後のルイ七世（１１３７〜１１８０）とアリエノールが結婚（１１３７年）。これによってカペー家にアキテーヌ公の広大な領土が転がり込んできて、一気に「フランス王」らしくなってきました。

ルイ七世は、第二回十字軍への参加（１１４７年）。しかしここで帯同した妃アリエノールと、彼女の叔父ポワティエ侯との不倫現場を目撃。これに不利な戦況、さらには何かと奔放なアリエノールと、聖職者風の生真面目なルイ七世との性格の不一致。色々なことが積み重なって売り言葉に買い言葉の夫婦大げんかの挙句、司教会議で結婚の無効取り消しが認められ、離婚が決定（１１５２年）。しかしこの後、より大きな衝撃に襲われることに。

ルイ七世との離婚からわずか二か月後、二十九歳のアリエノールは、十歳年下のアンジュー伯アンリ・ドゥ・プランタジュネと再婚。これだけならごくありふれた話。問題はアリエノールが所有するその広大な所領の行方です。南西フランスほぼ一体のその広大な領土は、これでアンジュー伯アンリのものに。アンジュー伯の領地はフランス中部。さらにノルマンディ公領・ブルターニュ公領もあり、領土の広さだけでいえばアンジュー伯アンリがイングランド王スティーブン崩御により、イングランド王「ヘンリ二世」として即位（１１５４年）。ノルマンディ公でもあるアンリは、母方の血筋によってイングランド王位継承権もありました。こうしてイングランド～ノルマンディ～ブルターニュ～アキテーヌという、現代の感覚でいうなら仏英二か国にまたがる、地図に当てはめれば北はスコットランドとの国境から南はピレネー山脈までつながる広大な王国が生まれました。アンジュー伯アンリにしてイングランド王ヘンリ二世、そして前妻アリエノールがその強敵の妃として君臨するという、ルイ七世とカペー家にとっての一大非常事態が発生。これを「アンジュー帝国」と呼んでいます。

しかしルイ七世は巧みに諸侯と結び、アンジュー家の内輪揉めにも乗じて、アンジュー帝国包囲網を形成。さらに自身の長女マルグリットとアンリの長男・若アンリを結婚させて懐柔。この後の相手の内輪もめをしばらく傍観し、モンル条約でアンジュー帝国の内輪揉めを和解させます（１１７４年）。他人の喧嘩を仲裁できるということは、実力者の証。続いてノナンクール条約でルイ七世とヘンリ二世との間の和約（１１７７年）。少なくともこれでカペー家がアンジュー帝国に呑み込まれる危機は一息つけることになりました。そして肝心の世継ぎは？　アリエノールとの間には子供が生まれず、再婚のコンスタンス妃は早くに死去し、実は「カペー朝の奇跡」も危うい状態。しかし三人目の妃アデルが、待望の男子フィリップを産みます（１１６５年）。カペー朝の奇跡はまだ続く。フィリップの成長を見届けて安心したのか、ルイ七世は１１８０年に四十三年の治世を終えます。

4　フィリップ二世・尊厳王　大国への飛躍

次はフィリップ二世（１１８０〜１２２３）が即位します。その異名は「**尊厳王**」。このフィリップ二世・尊厳王の時代に、フランスはヨーロッパの大国として頭角を現します。そのための内部の基盤固めで、王家を支える五大家政官職の主膳長や尚書長といった役職を廃止。特定貴族が半独占的に世襲するため、風通しも悪く既得権益化していたのを、行政改革で内部刷新と引き締めを断行。しかし弱冠十五歳の国王には、他にも妃の実家フランドル伯や母方のシャンパーニュ伯など、何かと口うるさい大人たちが周囲にいます。しかし十五歳にしてなかなかの外交巧者ぶりを発揮する尊厳王は、義理の叔父に当たるアンジュー伯アンリにして英王ヘンリ二世の後ろ盾を得ることで、その口うるさい連中を叩きのめし、「誰がフランス国王なのか？」を実力で分からせます。さらにフランドル伯の妻の死を見て取ると、「その娘の夫である自分にも領有権がある」と強硬に主張してこれを獲得。これによりパリ北方の防御を固めることに成功します。

しかし尊厳王の最大の強敵はやはり、アンジュー帝国。英名ではプランタジネット家。アンジュー伯アンリ（英王ヘンリ二世）には息子が二人います。アキテーヌ公を継いだリシャール（英名リチャード）とその弟ジャン（英名ジョン）。そのプランタジネット家に、アキテーヌ公領を巡る、リシャールとジャンのお家騒動。アンリ伯はダメながらも可愛いジャンに譲ってやるようリシャールに打診しますが、リシャールはこれを拒否。そして父アンリ伯への対抗のため、アキテーヌ公として尊厳王に臣下の礼。これに怒ったアンリ伯対フィリップ尊厳王・リシャールとの間に戦いが勃発。アンリ伯は大敗し、これにダメながらも可愛がったジャンまでが寝返ってリシャール側に参加し、完全に意気消沈。失意のうちに生涯を閉じます（１１８９年）。

これでプランタジネット家の家長はリシャールとなり、英国王リチャード一世・獅子心王としても即位します。こうなれば「昨日の友は今日の敵」とばかりに、尊厳王との間には対立が芽生えます。しかしこのリチャード一世、獅子心王という異名は戦場ではいかんなく発揮されるものの、複雑な政治面の能力は不足気味でした。

尊厳王と獅子心王は共に第三回十字軍に参加します（１１９０年）。同じ船に乗って出発した尊厳王と獅子心王。おそらくはこの船中で生活を共にしたことが、お互いの悪感情に拍車をかけたのかもしれません。母アリエノールの血を引いて何かと派手好きな獅子心王を、尊厳王はやはりカペー家の人間としては拒否反応があったのでしょうか。姉アリクスとの婚約も破棄させ。尊厳王はアッコンでの都市包囲戦という、地味で根気と粘り強さを求められる戦いに終始。獅子心王はキプロス島で次々とイスラム占領都市を解放するという派手な戦いの連続。その異名通り、やはり戦場ではめっぽう強い獅子心王。この後もイスラムの英雄サラディンとの数度に亘る戦いで名を上げます。

一方の尊厳王はアッコンを陥落させると、1190年の暮れにはもう帰国。キリスト教徒の大義も分かりますが、やはり所領とお家も大事です。あまり長期間国王が留守にすると、所領の内も外も何が起こるか分かりません。こうして十字軍を早々に切り上げて帰国した尊厳王に対し、獅子心王はオリエント滞在が長引きます。この点やはり尊厳王の方が政治家としては一枚も二枚も上手でした。鬼ならぬ獅子の居ぬ間に弟ジャンを取り込みます。アンジュー帝国の所領を次々と占領しながらジャンを利益で釣り、プランタジネット家所領の大半をものにすることに成功。ジャンからも臣従礼を得ます。

1194年、獅子心王がようやく帰国。帰路の途中、オーストリア大公レオポルドの所領通過中に捕まり軟禁され、莫大な身代金を払ってようやく解放されるという屈辱。捕まった理由はアッコン陥落時、仏王・英王の旗に並んで自身の旗も掲げようとしたレオポルド大公。この時、獅子心王に「王と公では格が違う。お前はダメ！」と上から目線で言い放たれ、旗を没収されたことへの仕返し。**口は災いの門**です。気を付けましょう。しかし戦いにはめっぽう強い獅子心王。取られた領地は帰国後二年で全部取り返します。

1197年、神聖ローマ皇帝オットー四世に焚き付けられた領主たちが、同盟を結んで尊厳王に反旗を翻してきます。皇帝の母方の叔父に当たるという関係から獅子心王を支持します。これら反乱の領主たちに獅子心王まで加わったクールセルの戦いで、尊厳王はまたもや獅子心王に敗れます。しかし1199年、獅子心王が自領内での反乱を包囲中、油断して具足も着けずに前線を視察し、石弓を首と肩の間に受け、その負傷が命取りとなって死去。戦場では強かったが、**政治も人生も生き残った方が勝ちです**。子のいなかったリチャード一世の後は弟のジャン（英名ジョン）が継ぎます。

獅子心王は政治家としては二流でも、戦の強さは超一流でした。しかし弟のジョンはどちらもダメでした。与しやすい相手となって、これでじわじわと攻め込んでいけばいいと目論んだ尊厳王でしたが、その尊厳王に別の難問が降りかかります。ローマ教皇インノケンティウス三世により破門され、フランス王領内での聖務停止が宣告されます（1199年）。1193年、尊厳王はデンマーク王クヌート六世の娘インゲボルグと二度目の結婚。しかしもう理屈抜きの生理的にダメだったらしく（特に夜の方）、どうにか我慢に我慢を重ねましたが、それでもどうしても無理だったので、「近親婚の疑いが生じた」などの適当な理由をでっち上げて離婚を宣告。そしてアニェスという小領主の娘と三度目の結婚をして二人の子供を生し、まずまず夫婦円満。しかしこの離婚宣告に納得がいかないインゲボルグ妃とデンマーク王家が、ローマ教会に訴えます。ローマ教皇セレスティヌス三世は「正式な王妃が生きている間の別の相手との結婚は禁ずる」と訓告（1196年）。国王は結婚も離婚も勝手にできず、どちらも教皇とローマ教会の承認が必要でした。その後もローマ教会からは尊厳王にたいして度々訓告が出されますが、それを尊厳王は無視し続けます。そうしてとうとう業を煮やしたインノケンティウス三世による破門と聖務停止処分、というのが経緯です。

聖務停止とは、「教皇命令による教会のストライキ」です。聖務停止になると、教会は新生児の洗礼から死者の埋葬まで、一切の儀式・業務を行いません。死体も放ったらかしですから、そこら中に腐臭が漂います。この当時、教会はただ祈りの場であるだけでなく、役所機能も兼ねていました。

事の顚末としては、まずアニェス妃の了解を得て遠ざけ、インゲボルグを王妃に戻し、聖務停止を解かせます（1200年9月）。そして改めてインゲボルグ妃との結婚の無効・取り消しを訴えますが、その間にアニェス妃が産褥により死去。こうなった以上はもう割り切ってインゲボルグ妃とよりを戻すしかないと腹を括った尊厳王。しかし皇帝との対立でフランス王を味方につけておきたいという、ローマ教皇の弱みに付け込んで、アニェス妃との間に生まれた二人の子供を正式な子として認めさせる図太さを発揮。**転んでもただでは起きないフランス人**の本領発揮です。

さてローマ教皇との関係もひと段落して、いよいよ打倒アンジュー帝国に本腰を入れたいところですが、その当主ジョン王は問題児とはいえ、その所領が持つ実力そして対岸のイングランド王国も決して侮れません。尊厳王は焦らずじっくりと一つ一つの邦、領主を攻略していく手を取りました。ジョン王は人としても最悪で、臣下の妻を横取りしたり、些細な失敗で処刑するなど、滅茶苦茶なことをしでかす暴君です。案の定、この滅茶苦茶な君主からは臣下が続々と離れて尊厳王に泣きついてきます。こうして尊厳王はノルマンディ・トゥーレーヌといった領地を相手の自滅を利用して自領に取り込み。その領地に代官を派遣して、内政の充実にも力を入れます。

一方のジョン王も、ローマ教皇とも揉めて、聖務停止に破門（1209年）。教皇インノケンティウス三世は「イングランド王冠をフィリップ二世に与える」とまで言い出します。これに尊厳王は、王太子ルイをイングランド王に据える計画を諸侯に発表し（1213年）、また妃の実家デンマーク王家の協力を得て千七百隻の巨大艦隊を用意し、イングランド上陸を見据えます。しかしその矢先にジョン王とインノケンティウス三世が和解。ジョン王はイングランドとアイルランドをローマ教皇に寄進することで和解しました。これで振り上げた拳の落としどころがなくなったフィリップ二世。ところが複雑に絡んだ王家の姻戚関係から新たな火種。ドイツ王位を巡り、神聖ローマ皇帝オットー四世とシチリアのフリードリヒが対立。オットー四世の後ろにいるのは英王ジョン。伯父（英王）と甥（皇帝）の関係になります。その対抗から尊厳王はフリードリヒを支持。こうしてドイツ王位争いとフランスの所領争いが結びつくことになり、尊厳王・フリードリヒ対オットー四世・英王ジョンの対立図式に。この両者がついにフランスのブーヴィーヌで激突します。

ブーヴィーヌの戦い（1215年）は、尊厳王にとって決して楽な戦いではありませんでした。対するのが英王に神聖ローマ皇帝、これに反カペー家の諸侯も加わっています。一方でローマ教皇や、シチリアにいるまだ子供のフリードリヒからの援助はまず期待できず、自らの家臣とカペー家支持の諸侯たちだけが頼り。その兵力差は三倍。この不利な状況で、尊厳王はやはり類まれなる統率力を発揮します。兵士たちを前に「我々の希望、確信と共にあるのは神だ。オットーとその兵隊は神の敵であり破壊者だ。我らは神に全き信頼を寄せているから敵を上回り、響き渡る勝利も我らの手に帰す」と、兵士たちの素朴な信仰心に訴えかけてのこれもまた名演説。これに心を揺さぶられた兵士たちは、敵方を分断させる軍師ゲランの巧妙な作戦もあって敵軍の軍旗を奪い、皇帝を這う這うの体でドイツに追い返します。ブーヴィーヌの戦いは尊厳王の圧勝でした。

ブーヴィーヌの戦いはフランス内に限れば「フランス版関ヶ原」と言えます。アンジュー帝国という王国内の最大の反王権勢力を倒したことにより、もはやフランス内にはカペー家に楯突ける領主はいなくなりました。敗れたアンジュー家の領地を一気に獲得し、カペー家の領地は尊厳王の即位時に比べると四倍になりました。そして対外的には、これまで王国内の領地分捕り合戦に汲々としていたフランスを、ヨーロッパの大国として対ローマ教皇・神聖ローマ皇帝・イングランドに認めさせることに成功。「尊厳王」の異名はこれらの功績によって名付けられます。

尊厳王の晩年は、アルビジョア十字軍への対応が中心となります。これは「カタリ派」と呼ばれる異端を潰せ！　とインノケンティウス三世が打ち上げた、もう一つの十字軍です。キリスト教は異教徒よりも内部の異端派に対してより厳しく臨みます。アルビジョア十字軍は徹底した無差別殺戮を行います。異端かどうか峻別できなかったら、「とにかく殺せ！　その後は神が決められる」という無茶苦茶な理屈です。しかし、程ほどのところで手を打つ領地分捕り合戦とは違い、信仰を賭けた戦いでは相手も命がけで来ます。アルビ派も頑強な抵抗を続け、両者の戦いは二十年もの長きに亘りました（１２０９～２９）。

内ではカペー家の王権を強固なものとし、外では大国フランスを認めさせることに成功したフィリップ二世は、1223年に死去します。その治世は四十三年。「カペー朝の奇跡」はこの尊厳王の時に一つの集大成を迎えたと言えるでしょう。

5　カペー朝の奇跡2　罰が当たった？　奇跡は終焉

その後は王太子ルイが、ルイ八世（1223〜1226）として即位します。しかしルイ八世は、戦陣で井戸の水を飲んで赤痢に感染。戦闘を一時中断してパリに戻ることにしましたが、その途中のオーヴェルニュ山中で死去してしまいます。在位はわずか三年。歴代カペー朝の王の中では最も短い治世となりました。しかし王太子時代に妃ブランシュとの間には全部で十二人、うち八人が男子という子宝には恵まれており、次男のルイがルイ九世（1226〜1270）として即位します。カペー朝の奇跡はまだ続いています。

ルイ九世は即位時の年齢が十二歳。しかも前王ルイ八世の死があまりにも突然すぎたため、政治の現場を経験することもなくいきなりの即位でした。そこで当面は母后ブランシュが摂政として、諸侯の反乱鎮圧から、イングランドとの外交まで八面六臂の大活躍で、国政を取り仕切ります。

そんな女傑の母に支えられながらルイ九世は成長し、プロヴァンス伯の長女マルグリットと結婚します（１２３４年）。しかし女傑のブランシュ母后と、南国育ちの陽気で派手好きなマルグリット妃はなかなかウマが合わず、ルイ九世はいわゆる嫁姑問題で頭を悩ませました。ルイ九世の従者によれば『ブランシュ母后は「夜の帳が下りて床に就くならまだしも、それ以外の時間に息子と嫁が一緒にいるのは許すまじ」と、極力二人を引き離そうとした』模様。明け透けに言えば、「子作りの時以外は一緒にいるな！」と言っているようなもの。ブランシュ母后からすれば手塩にかけた我が子可愛さで、上手く子離れが出来なかったのか。

ルイ九世の治世の前半は、イングランド王ヘンリ三世との抗争の歴史ともいえます。ヘンリ三世は父ジョン失地王が文字通りに失ったフランスの失地回復に、異常なまでの執念を燃やしてきました。それにことごとく、ルイ九世は勝利。１２３６年、ヘンリ三世がその妃マルグリットの妹エリーナと結婚。プロヴァンス伯を通じてルイ九世とヘンリ三世は義兄弟という関係に。しかしヘンリ三世の宮廷には、ポワトゥ人とサヴォワ人、今でいうフランス人がのさばります。彼らが英王をけしかけ、ヘンリ三世はイングランド王にも関わらず、自分の王国はそっちのけでフランスの失地回復ばかりにますます執念を燃やします。この後も両王の争いは続きますが、ことごとくルイ九世がヘンリ三世を返り討ちに。

ノルマンディ公ギヨーム＝ウィリアム一世・征服王以降、このヘンリ三世までの、そしてこの後書いていく百年戦争の時期までのイングランド王は、はっきり言えば「フランス人」です。イングランド王でありながら同時にフランスにも所領を持ち、イングランドよりもフランスにいる期間の方が長い国王はざら。しかもイングランド王でありながらフランス語しか話せない、という王ばかりでした。この時代のイングランドでは、王侯貴族はフランス語、庶民は英語と、階層によって話す言語が違いました。もちろん英語は今のような国際語ではなく、イングランドだけで通じる片田舎の言葉でした。

ルイ九世、治世の後半は十字軍遠征です。1244年8月、聖地エルサレムが再びイスラムの手に落ちます。これを受けて教皇インノケンティウス四世は翌45年6月、大国として頭角を現してきたフランス国王ルイ九世に白羽の矢を立て、第七回十字軍に遠征（1248年6月）。同年9月、キプロス島に上陸しそのまま越冬。この地でモンゴル帝国の使者二人を謁見。年が明けて1249年、アイユーブ朝が君臨するエジプトに進攻したルイ九世はダミエッタを占領し、カイロに進攻。マンスーラ包囲を手がけますが、相手も譲らず一進一退の攻防が続く中で、ファリフークルの戦いではルイ九世自身が捕虜となってしまいます。ダミエッタ返還と多額の身代金で解放されたルイ九世は、その後も戦闘を続ける傍ら、腹心をモンゴル帝国に派遣して対イスラム共同戦線を張ろうとしますが、偉大なるブランシュ母后死去の報せを受け、無念の帰国（1252年11月）。

十字軍から帰国したルイ九世は、人が変わったように清貧にして質素倹約を旨とする生活態度に改め、善き国王たろうという心根になります。帰国後もイングランドはじめ周辺との軋轢は相変わらずですが、以後のルイ九世は極力武力衝突を避ける形での解決を心がけます。アラゴン王ハイメ一世とのコルベイユ条約でスペインとの国境画定（1258年）は互いの領有権放棄、ヘンリ三世とはパリ条約（1259年）で相手の内輪揉めに乗じて領有権を放棄させ、その他諸侯たちとも平和裏に問題を解決。王国内諸侯の争いの調停や、市民と大司教との争いの仲裁役として関わるようになり、いつしか「平和をもたらす王」と呼ばれるようになります。一方、シチリア王国の王位継承が揉めた時には、教皇ウルバヌス四世からの依頼で調停に乗り出し、ちゃっかりと弟のシャルル・ダンジューをシチリア王に据えることに成功。やはりフランス人の図太さは隠せません。

こうして名声を高めたルイ九世に「もう一度十字軍を」という声が内外から出ます。本人も前回の捲土重来を期してやる気満々で、1270年3月に出港し、サルデーニャ島のカリアリを経由して7月に北アフリカのチュニスに上陸します。しかし現地には疫病が蔓延していました。その疫病に感染したルイ九世は戦う前に陣没してしまいます。享年五十六。四十四年の統治でした。死後二十七年経った1297年、「列聖」つまり聖人に名を連ねることになりました。その異名は「聖王ルイ（Saint Louis）」。フランス語読みでは「サン・ルイ」です。はるか後年、北米新大陸に入植したフランス人が、その地にルイ九世に因んだ名を付けました。現在のセントルイスです。

ルイ九世の第八回十字軍に参戦していた子のフィリップは、即位してフィリップ三世（1270〜1285）となると、まずは父の事業清算として十字軍を終わらせます。その後はどちらかと言えば内政中心で、各諸侯の血筋断絶にすかさず乗り込んで着実に王領を拡大していきます。1282年、あまり乗り気ではなかったアラゴン王国での戦いに半ば強引に巻き込まれたフィリップ三世は、1284年アラゴン十字軍として教皇のお墨付きを得た上で出兵。しかし土台が乗り気ではない戦いははかばかしく進まず、逆に援軍を運んだ艦隊がペドロ三世によって撃沈されます。そしてペルピニャンまで撤退する途中で、哀れフィリップ三世はそのまま陣没してしまいます。

それでも相変わらず「奇跡」が続くカペー朝。次の王はその息子フィリップ四世・端麗王（1285〜1314）が十七歳で即位します。この頃になると、「レジスト」と呼ばれる法律顧問が充実してきます。王の側近くに仕えるキャリア官僚とでもいえる人たちです。祖父ルイ九世の時までは散々争ったイングランド王とも、最終的には1303年のパリ条約で、モントルイユ協定の確認とガスコーニュのエドワード一世への返還、英王代理による仏王への臣従礼、そして「仏英間の恒久平和」という、この後の歴史から見ると空文句としか思えない条件が定められてやっと戦争が終わりました。

このガスコーニュ戦争において、フィリップ四世もエドワード一世も財政難に直面します。国の規模に比例して戦争の規模も拡大。これまでの地方領主相手の小競り合いのような戦争とは次元が違ってきました。今までは臣下が自弁で兵や武器を持参してくるだけで何とかなりましたが、もうそれでは追い付かなくなります。そこで外国人傭兵を雇いますが、彼らには給料を払わなければなりません。当然、国庫の支出が増えます。その分の財源をどうして賄おうかと新税の創設などを行いますが、ここでフィリップ四世もエドワード一世も金のなる木を発見しました。教会と聖職者への課税です。しかし彼らは領主としては国王に仕えますが、聖職者として仕えるべき長はローマ教皇です。彼らはこの事態をローマ教皇に訴えます。教皇ボニファティウス八世はフィリップ四世を非難、聖職者への課税禁止を求めますが、フィリップ四世は従いません。ローマ教皇庁への献金停止で応えます。フランスの民はフィリップ四世を支持。その後も両者の対立は収まらず、ついに教皇ボニファティウス八世はフィリップ四世を破門（1302年）。

翌1303年8月イングランドとパリ条約を締結して後顧の憂いを断った上で、法律顧問ギヨーム・ノガレを教皇の避暑地アナーニに派遣。ノガレは9月6日から7日にかけてボニファティウス八世に夜襲をかけ、身柄を拉致・監禁。「フィリップ四世破門」の情報に先手を打つ形での強硬手段に打って出ます。この「アナーニ事件」と呼ばれる事件自体は、三日後にアナーニ市民によって教皇が救出されて一件落着となりますが、この事件に大きすぎるショックを受けたボニファティウス八世は10月20日に憤死。これを境にしてローマ教皇の権威は坂道を転げるようにして落ちていきます。以後のローマ教皇はフィリップ四世の言いなりです。そしてフィリップ四世の求めに応じて南仏アヴィニョンに教皇座を移すことを余儀なくされます（１３０９年）。以後六人、約七十年、フランス人のローマ教皇がローマではなくアヴィニョンにとどまり、『教皇のアヴィニョン捕囚』と呼ばれます。なぜアヴィニョンだったかというと、プロヴァンス伯にしてナポリ王であるアンジュー家、この時にはすでにカペー家の分家になっているアンジュー家の領地だったからです。

フィリップ四世はテンプル騎士団とも対立。騎士団は、その本部をパリに構え、各国諸侯からの庇護と支援、一般信徒の喜捨により莫大な資金が集まっています。その資金でパリやヨーロッパ中で土地を購入して莫大な地代収入。さらに高利貸しなど金融事業にも進出。その最大の債務者がフランス王室で、返済は一向にめどが立ちません。加えて騎士団の下には税金逃れの騎士や農民・職人、そして犯罪者なども紛れ込み、フィリップ四世は借金問題と社会不安を一挙に解決できないかと思案。そこに「騎士団内部では盗み、不正蓄財、男色、偶像崇拝」が行われているらしいとのタレコミ。またもや法律顧問ノガレを暗躍させ、１３０７年、今や傀儡のローマ教皇庁の名で正式調査命令を出させ、10月に王国全土で騎士団員を一斉逮捕。そしてテンプル騎士団の廃止を強行。１３１４年、騎士団長ジャック・ド・モレが火刑に処され、ここにテンプル騎士団は消滅。

テンプル騎士団の解体から半年後、フィリップ四世も死去します。在位は二十九年。跡を継いだのは長男のルイ十世（１３１４～１３１６）です。しかしルイ十世と弟シャルルのそれぞれの妃、マルグリットとブランシュが揃って宮廷騎士との不義密通の罪をはたらき、共に獄死となります。そしてフィリップ四世の娘で唯一成人したイザベルはイングランド王エドワード二世に嫁いでいます。そのイザベルは１３２７年、愛人モーティマーと組んで王太子エドワードを擁して蜂起。夫エドワード二世を追放して、息子を新たにエドワード三世として即位させます。父の血を引いてやることが豪快です。

フィリップ四世の跡を継いだルイ十世、妃マルグリットの不倫そして獄死という悲劇を乗り越えて、という訳にはいかず、即位僅か二年にして死去します。次のフィリップ五世（１３１６～１３２２）も短命。弟のラ・マルシュ伯シャルルが、シャルル四世（１３２２～１３２８）として即位します。在位中、イングランドとサン・サルドス戦争を戦い、エドワード二世からアキテーヌ公領を没収しています。アキテーヌ公領はその子である王太子エドワードに譲られています。

シャルル四世は、エドワード三世に改めてアキテーヌ公領の領有を認め、それをこの世の置き土産のようにして在位六年で死去（1328年）。跡継ぎは…？　その時、王妃ジャンヌがご懐妊中。そして数か月後に生まれたのは…、女の子。それ自体はおめでたいことですが、フランスの王家は女子の王位相続を認めていません。そこで国王に即位したのは、亡きフィリップ四世の弟ヴァロワ伯シャルルの子で、出産までの間摂政を務めていたフィリップ。フィリップ六世として即位します。男子の王位継承は続きますが、国王の直系ではなく、ヴァロワ家という分家筋からの国王となります。そのためこれをもってカペー朝はその三百四十一年の歴史に幕を閉じることになり、新たにヴァロワ朝が始まります。ただし分家筋といえども、ユーグ・カペーの血に連なる男子の王朝は続いていきます。

フィリップ四世以後の三人の王がやや呆気なく、いずれも短命で終わってしまったのは、一説にはフィリップ四世に苦悶のうちに憤死したボニファティウス八世、解体させられたテンプル騎士団の呪いのせいでは？　とも言われていますが、果たして…？　やはり**先祖の不徳は子孫を祟るのか**…？「**見えない何か**」**はたとえ信じずとも、それなりに敬しておいた方がいい**のか。少なくとも**邪険に扱うと、ろくなことにはならない**のでは、という暗示めいた教訓です。

6　百年戦争　仏英の正式離婚

ヴァロワ朝の初代国王フィリップ六世（1328〜1350）もランスのノートルダム大聖堂で戴冠式を挙げ、正式に国王即位となります。王朝は代わってもこの儀式は変わりません。

そのフィリップ六世に海峡の向こうから横やりが入ってきます。イングランド王エドワード三世です。シャルル四世に跡継ぎなく、その妹である母后イザベルの即位が認められないとしても、その子エドワードにはフランス王の資格があるのではないか？　男系（フィリップ六世）と女系（エドワード三世）、王国内の諸侯ヴァロワ伯とアキテーヌ公、さらにフランス王国とイングランド王国の争い。色々な条件が複雑に錯綜して、話が揉めに揉め始めます。

しかしフランス側では、イザベルの破天荒な振る舞いもあって、この主張を認めません。逆にエドワード三世に対して「アキテーヌ公」として臣下の礼を取るように求めます。もし不服なら領地は没収すると。今戦っても勝ち目がないと判断したエドワード三世は、悔しさをかみ殺して、アミアンに赴いてフィリップ六世に臣従礼を取ります。

王位継承問題の他にも、両王国間に問題が発生します。相続問題で揉めていたフィリップ六世の義弟ロベール・ダルトワのイングランド亡命（1332年）。対してスコットランド王位争いに敗れたデイヴィッド二世夫妻がフランスに亡命（1334年）。イングランドにとっては南北から挟み撃ちの最悪の事態。義弟の返還に応じないエドワード三世に対し、フィリップ六世はアキテーヌ公領の没収を通達し、ガスコーニュに進軍。一方のエドワード三世も、フィリップ六世に「挑戦状」を送りつけます（1337年11月）。これは後の世でいう宣戦布告と同じ意味。後に「百年戦争」と呼ばれることになる戦争の始まりです。しかし「百年戦争」と呼ばれるようになったのは、十九世紀になってからです。

戦いの火ぶたはまずフランドルで切られます。ここは当時から、ヨーロッパ有数の経済先進地帯です。そのフランドルにイングランドは羊毛を輸出。そこで毛織物に加工されてヨーロッパ全域へ輸出される、という持ちつ持たれつの関係。エドワード三世は開戦を見越してか、フランドルへの羊毛輸出を禁止（1336年）。イングランドからの羊毛がなければ、フランドルの基幹産業である毛織物業は成り立ちません。フランドル諸都市民の不満はエドワード三世ではなくフランドル伯ルイ、そしてフィリップ六世に向かいます。フランドル市民は税金を取り立てるフランス王よりも、長年の商売相手であるイングランド王を支持。これを近代国家の感覚で考えないように。まだ国家の枠が緩い時代です。これを受けてエドワード三世はフランドルに上陸。小競り合いのような戦いをいくつかした後、1340年ヘントでフランス王を名乗ります。しかし本格的な戦闘はなく、臨時課税を議会と掛け合うために帰国。

一方のフィリップ六世は、マルセイユにいる大艦隊をノルマンディに移してイングランド南岸を攻撃、海峡の制海権を握ることを考えます。要はエドワード三世の軍を上陸させなければいいのだと。両軍はフランドルのエクスリューズ、現在はオランダのスロイスという小さな港の沖で激突。スロイス沖の海戦です（1340年6月24日）。この時のイングランド海軍はまだ、後に七つの海を支配した最強の海軍ではありません。まだ世界の辺境のヨーロッパの、そのまた辺境にある小国相応の海軍です。しかしイングランド海軍は数では劣勢でしたが奮闘し、イングランドが勝利を収め、エドワード三世がフランドルに再上陸を果たします。

しかしフィリップ六世はサン・トメール、トゥールネと立て続けに勝利。エドワード三世は資金が枯渇し、同盟国への資金援助もままならなくなります。そこで両者は1340年9月25日、エスプレシャンで1342年6月24日期限の休戦協定。

1341年4月、ブルターニュ公ジャン三世が跡継ぎを残さずに死去したことに端を発して、ブルターニュ継承戦争が始まります。取ったり取られたりの一進一退の攻防の後、教皇クレメンス六世による仲介で、マレストロワ休戦協定（1343年1月）が成立。エドワード三世はモンフォール伯の保護を名目に、要衝の地ブルターニュに橋頭保を築くことに成功しましたから、事実上の一人勝ちとなりました。

1344年10月、教皇クレメンス六世はアヴィニョンに関係諸国を集めて、仏英両国の和解を図る会議を開催しますが失敗。46年7月、エドワード三世は亡命者ダルクール公の助言に従い、ノルマンディに上陸します。カーンを陥落させてなお進撃を続けるイングランド軍を、フランス軍はクレシーで迎え撃ち、両軍の激突がありました。この戦いでイングランド軍は、騎士すらも馬を捨てて徒歩で戦闘配置に着きます。一方のフランス軍はいかにも中世の騎士らしく、貴族たちは馬上颯爽と登場。その姿は勇ましく華やかですが、敵の格好の標的になるという諸刃の剣。そしてこのフランス騎士たちに、イングランド兵、正確には最も危険な最前線に配置されたウェールズ人の兵たちによる長弓が雨あられと襲い掛かります。突撃してきたフランスの騎士たちは、次から次へと長弓の餌食となりました。五十万発といわれる矢尻の餌食となり、それをかいくぐっても騎兵にとどめを刺される。フランス側の完敗でした。百年戦争初期の重要会戦、クレシーの戦いです。

その後、教皇の仲介で1351年まで休戦です。その間には黒死病（ペスト）の大流行（1348年）もあって、両国とも戦争どころではありませんでしたから渡りに船。その休戦は半ば自動的に1355年6月まで更新・延長されました。その間の1350年、フィリップ六世が死去します。二十二年の治世でした。跡を継ぐのは長男のノルマンディ公ジャンが、ジャン二世（1350〜1364）として即位します。

1356年に戦闘が再開され、同年9月ポワティエで大規模な衝突が起こります。この戦闘でフランス王軍は、さすがにクレシーでの反省から、騎兵も長弓の餌食にならないように馬から下りますが。繰り返されるのは勇猛果敢な突撃ばかりです。それに対してイングランド軍は、その側面から騎馬隊に突撃させるという黒太子エドワードの臨機応変な作戦もあり、またも勝利します。のみならず投降した国王ジャン二世がそのまま捕虜となってロンドンに送られるという、フランスにとっては一大緊急事態が発生しました。

クレシーとポワティエの両会戦で活躍し、イングランドに勝利をもたらした黒太子エドワードは、エドワード三世の長男です。1343年にウェールズ公、いわゆる現代に続くプリンス・オブ・ウェールズ、次期王位継承者となります。次期王位継承者がプリンス・オブ・ウェールズとなるのは、この黒太子エドワード以降に慣習化されます。

一方、捕虜となったジャン二世ですが、捕虜という言葉が当てはまらないような豪奢な生活を送ります。捕虜といっても身代金の担保ですから、何かあったら身代金が入りません。特に国王の身代金となれば莫大な金額が見込めますから、その扱いは自ずと丁重なものになります。

その間、摂政として父である国王ジャン二世以上に活躍したのが、王太子シャルルです。この時の王太子シャルルはイングランドとの戦争だけでなく、内政でも数多の問題に対処していましたが、それに加えてエドワード三世と互角以上に渡り合います。しかし財政難もあって、身代金の第一回支払いが期日遅れとなります。そこでエドワード三世は、捕虜の国王ジャン二世と直接交渉。望郷の念に駆られたジャン二世は相手の言い分を全て丸呑みしてしまいます。これに王太子シャルルは三部会を開催して、捕虜の国王が無断で結んだ条約の無効を宣言。そして再度エドワード三世との交渉に臨み、最終的にエドワード三世のフランス王位請求権の放棄と身代金の三百万エキュへの減額に成功します。外交交渉としては王太子シャルルの粘り勝ちです。しかしながらエドワード三世も身代金という実を得ます。これを当てにして、散々の贅沢三昧をさせていたともいえます。この条約はカレー・ブレティ二条約（１３６０年）と呼ばれます。

カレー・ブレティ二条約では、身代金の支払いが完了するまで、王家から六人の男子がジャン二世の身代わりに人質とされます。しかしフランス王家の支払いは、対イングランド戦争に加えて相次ぐ国内の内乱によって、完全に滞ってしまいました。そうなると、やはり中には将来を悲観する人も出てきます。「本当に大丈夫だろうか？」と。そんな不安が胸をよぎったかどうかは定かではありませんが、アンジュー公ルイが外出許可先からそのまま脱走します。「良王」と呼ばれたジャン二世は、息子がしでかしたこの不祥事を何とかせねば、と妙な責任を感じたのか、何と再度自分が人質としてイングランドに赴くことを申し出ました。１３６４年1月、ジャン二世は再度ロンドンで人質となります。一人の父親としては息子の尻拭いをする良き振る舞いとなるのでしょうが、一国の国王としてはいかがなものでしょうか。身柄解放に尽力した王太子シャルル、そしてこれからその身代金の財源となる税金を払う民への裏切りといわれても仕方ないでしょう。フランス人らしくもない、「**図太さ**」に欠ける行動でした。１３６４年４月、ジャン二世は人質先のロンドンでそのまま死去します。

ジャン二世の死去により、王太子シャルルがシャルル五世（１３６４～１３８０）として即位します。ジャン二世が捕虜となって以降は、事実上の国王として父を上回る活躍をしてきましたから、継承自体は問題なくスムーズにいきました。シャルル五世、幼少期より病弱だったため、武芸ほか体を動かすことは押しなべて苦手でした。その代わりに語学・神学・法学・化学などの学問に精を出し、「フランス王家始まって以来」といわれるほどの秀才ぶりを発揮します。王太子時代の１３５８年には、同時発生したジャックリーの農民反乱、パリのマルセルの乱を平定。現実政治の厳しさを学び、統治者として一皮むけます。一方、戦場ではブルターニュの小貴族、ベルトラン・デュ・ゲクランを重用。醜男で冴えない中年ですが、戦争の腕前は一級品。派手さはありませんが、勝負に徹してどんな手を使ってでも目の前の戦いに勝つことだけに集中。これまでフランスの騎士たちが散々その餌食となってきたイングランドの長弓に対して、「動き回るから標的になる。なら動かなければいい」と発想転換。こちらからは動かず、焦れて挑発に乗ってきた相手の長弓兵を側面攻撃により撃破、という作戦で勝利を収めます。

その後は小さな衝突はあったものの膠着状態となり、ブリュッへで二年間の休戦が約されます（１３７５年）。そして両国とも世代の転換期に入ります。イングランドの方は１３７６年、黒太子エドワードがイベリア半島で罹った赤痢が原因で死去。翌７７年には国王エドワード三世も死去し、黒太子エドワードの子がリチャード二世として即位します。フランスでも１３８０年、シャルル五世が死去し、王太子がシャルル六世（１３８０〜１４２２）として即位します。即位の時の年齢はシャルル六世が十二歳、リチャード二世が十歳。共に子供ですから、これでは大規模な動きは取れず、「百年戦争が五十年戦争で終わる可能性もあった」ともいわれる安泰期が訪れます。

幼い国王が誕生すると、えてして良くない心根を抱いた大人たちが、「子供の王を自分の思い通りに動かしてやろう」と手ぐすねを引いてすり寄ってくるものです。その筆頭がブルゴーニュ公フィリップ。この人はポワティエの戦いで「豪胆公」と異名を取る武勇に加えて社交性も併せ持つ、なかなかの器量の持ち主でした。その豪胆公はバイエルン公シュテファン三世の娘エリーザベトと、甥に当たるシャルル六世の結婚を仲立ちします。自身の領地がドイツに近いために、バイエルン公との関係を良好にするのが目的です。1385年にシャルル六世とエリーザベトは結婚、以後はフランス風に王妃イザボー・ド・バヴィエール。その勝気な性格の王妃、お飾りのような夫にイライラしたか、「しっかりしなさいよ！」と一喝。王の弟オルレアン公ルイにも背中を押されて、シャルル六世はようやく「自分でやる」と親政を決意します。

ようやく一人前の王になったと思われたのもつかの間、1392年発作に見舞われて数日間寝込むことになります。幸いにこの時は大事には至りませんが、以後シャルル六世が「狂王」と名付けられる原因となり、ますます酷くなっていくこの発作。これがシャルル六世の人生はもちろん、フランス王国の運命をも大きく左右していくことになります。

このシャルル六世の発作は、発生する間隔が段々と短くなっていき、時に国王の責務を果たすことも困難な程に。そこで1403年、「自分がいない時または病気の時は、王妃・王族・大元帥・尚書長・国王顧問で構成される会議により、国政は行われる」ことを定めました。シャルル六世は親政の開始以後は、弟のオルレアン公ルイを頼りにしています。そして付け加えると、イザボー王妃はそのオルレアン公ルイと懇ろな関係。王妃は当然ながらその愛人を支持。一方で散々口うるさいと一度は遠ざけた伯父の豪胆公を、シャルル六世は再度宮廷に呼び戻しています。シャルル六世なりのバランス感覚ですが、オルレアン公ルイはこれが面白くありません。こうして王の伯父と実弟の対立が深まります。いつしかフランス王室はブルゴーニュ派とオルレアン派（後にアルマニャック派に改称）という、二つの党派の対立によって動かされる状況となりました。

両派の争いはいずれ武力で決着をつけざるを得ない、抜き差しならない状態となりますが、ここで何と両派ともこれまで戦いを続けてきたイングランド王に援軍要請を出します。現在なら亡国の大問題行為ですが、まだ国家の枠が緩い時代のこと。この時イングランドはヘンリ四世の即位からランカスター朝となり（１４０４年）、次のヘンリ五世が即位すると大きな転換期を迎えます。

ヘンリ五世は、ブルゴーニュ・アルマニャック両派がイングランドに援軍要請を送ってくるという敵国の混乱を巧みに利用して、王位継承権や王女との結婚を要求。この時交渉に当たったのはシャルル六世と王太子シャルルを擁するアルマニャック派です。当然ながら、フランス王位継承権など論外です。ヘンリ五世も回答に一年の猶予を置きましたが、その一年後の回答は変わらず「ノン」、交渉決裂です。そして１４１５年8月、フランスへの進軍を開始したヘンリ五世は10月、カレー南部のアジャンクールでフランス王軍に大勝。これまでのクレシーやポワティエでの勝利も霞んで見えてしまうほどの圧勝でした。

この敗戦により、アルマニャック派は大打撃を被ります。要人の大半が戦死し、その所領も次々とイングランド軍に占拠されてしまいました。それでも王太子シャルルは意気軒高に国王総代として、パリに新政府を樹立します。そして争いの元凶の一つともいえた母イザボー王妃を追放。このイザボー王妃に接近したブルゴーニュ派はトロワに対立政府を樹立。１４１８年7月パリ入城を果たし、アルマニャック派を追放。その後、両派和解のチャンスもあるも、王太子シャルルの側近が、ブルゴーニュ公ジャン無畏公を暗殺して水泡に。父の跡を継いだブルゴーニュ公フィリップ善良公は、ヘンリ五世との接触を図り同盟交渉を始めます。そして自身の妹アンヌとヘンリ五世の弟ベッドフォード公ジョンとの婚約、そして「アングロ・ブールギィニョン同盟」成立に漕ぎつけました。

この両者が、トロワ条約を締結します（１４２０年5月21日）。要約すると、「シャルル六世存命中は王。ヘンリ五世がその娘カトリーヌと結婚し、王の死後はフランスの相続人、つまりフランス王に」。フランスは党派争いにうつつを抜かしている間に、ヘンリ五世の軍事力と外交力によって王国を乗っ取られる事態に立ち至りました。シャルル六世はますます発作がひどくなり、いつ死が訪れるか予断を許さない状況です。一方のヘンリ五世は強健そのもの。このままいけばフランス王位の行く末は火を見るよりも明らかです。よほどの奇跡でも起こらない限り、フランス王位はヘンリ五世に渡り、そしてヘンリ五世は仏英両国の王となります。

トロワ条約が結ばれた1420年の時点で、シャルル六世が五十二歳、ヘンリ五世は三十三歳、十九歳の年齢差です。シャルル六世の症状は抜きにしても、自然の摂理の通りに行けばシャルル六世の方が先に逝くでしょう。ヘンリ五世は健康に気を配って、シャルル六世の「その時」を待っていれば、後は勝手にフランス王位が転がり込んでくる。よほどの奇跡でも起こらない限り、フランス王冠に手が届く所まで来ていました。しかし**好事魔多し。人生は何が起こるか分かりません。**果たして、そのよほどの奇跡？　が起こりました。カトリーヌとの結婚も果たし（1421年6月）、まさに意気揚々たるヘンリ五世でしたが、1422年8月31日、パリ周辺の要衝を押さえる一連の戦いの最中に罹った赤痢が原因で、呆気ない死を迎えます。その時シャルル六世は…、まだ存命でした。そして同年10月21日、ヘンリ五世の死からわずか二か月後にシャルル六世は死去します。「狂王」と異名された少し気の毒な人生でしたが、とにもかくにもヘンリ五世よりも（少しだけ）長く生きたその一事によって、ヘンリ五世の仏英両王の野心を砕き、フランスを救いました。

しかしながら条約は条約です。「シャルル六世の死後は、ヘンリ五世とその後継者たちがフランス王位に」とあります。そのヘンリ五世も死去しましたから、跡を継ぐのはその子のヘンリ六世ですが、これがまだ一歳にもならない赤ん坊でした。それでもイングランド王位だけなら「勝手にしろ」ですみますが、「フランス王アンリ二世」とまで名乗られたら、アルマニャック派は「そんなもの認められるか！」となります。同年10月30日には、王太子シャルルが「シャルル七世」を名乗ります。トロワ条約自体はパリ大学で審査を受け、ラングドイルの三部会が承認していますが、赤ん坊のヘンリ六世即位となったことで、一気にその矛盾が露呈しました。こうして一天二王、二人のフランス王の対立が始まります。

血筋による正統性ならシャルル七世、条約に基づく契約の正当性ならヘンリ六世（アンリ二世）です。どうやって決着をつけるのかとなれば、（一）裁判で白黒つける、（二）外交交渉で政治的な解決を図る、（三）武力で片を付ける、のいずれかでしょう。赤ん坊のヘンリ六世にはヘンリ五世の弟たち、イングランドではグロスター公ハンフリー、フランスではベッドフォード公ジョンがそれぞれ摂政となっています。そのフランス担当摂政のジョンがブルゴーニュ公やブルターニュ公との婚姻政策を進め、着々とシャルル七世・アルマニャック派包囲網を形成していきます。

対するアルマニャック派もやられてばかりかと思いきや、実はブルゴーニュ派やイングランド王よりもよほど広範囲の所領と諸侯を押さえており、シャルル七世が「我こそは正統なるフランス国王なり」と力強く宣言すれば、天下はシャルル七世とアルマニャック派に靡いてもおかしくはない状況です。

しかしその肝心の「シャルル七世」が、自分の正統性に半信半疑でした。パリを追われてベリー地方に移ってからは、「ブールジュの王」と揶揄される始末です。シャルル七世は、母イザボーが派手な男性遍歴を持っているので、「自分は本当に亡き父シャルル六世の子であろうか？　フランス王家の血が流れているのであろうか？」という一抹の不安を抱いていました。そんな腰の定まらない王の下では臣下や兵たちも士気が上がらず、戦況は一進一退の膠着状態が続きます。そして１４２８年、ブルゴーニュ派はオルレアン包囲陣を布き、アルマニャック派に攻勢。

このオルレアンが陥落してしまえば、シャルル七世とアルマニャック派は本当にもう抵抗の術なく、残された手は国外亡命しかなかったとされています。この時のシャルル七世はもはや祈りを捧げることしか出来ませんでした。「自分が本当にフランス王の血筋の者なら勝利を、そうでなければせめて命だけは助けて亡命を」。その必死の祈りが通じたのでしょうか。神はシャルル七世の下に「神の遣い」と称する一人の少女を送って寄こしました。そう、皆さんご存じのあの少女、ジャンヌ・ダルクです。

ジャンヌ・ダルクの詳細は、数多出ている評伝や解説書に譲ります。私の個人的見解としては、天性の何か特殊能力のようなものを持ち合わせた、「不思議少女」だったのだと思っています。このジャンヌ・ダルク、いきなりシャルル七世の元に参上したわけではありません。いくら何でもドムレミ村の農家の娘が、いきなり国王の元に行って「神のお告げが！」と言ったって、まともに相手にされるわけがありません。「お前、大丈夫か？」と門前払いされるのが関の山です。1428年5月、まずジャンヌはドムレミ村から程近いナンシーにいる王の城代を訪ねて「神のお告げを受けた！」と切り出しますが、案の定「頭がおかしいのが来た」と追い返されます。まあ、普通はそうでしょう。しかし多少風聞も入りますが紆余曲折の後、有力者ヨランド・ダラゴンの口利きによって、ジャンヌ・ダルクはシャルル七世へのお目通りが叶います。1429年3月6日のことです。

王が滞在するシノンを訪れたジャンヌ・ダルクに、最初シャルル七世は家臣を替え玉に玉座に座らせて、自分は廷臣の中に紛れ込んでいましたが、ジャンヌはその中からシャルル七世を見抜いたといいます。これに感銘を受けたシャルル七世はジャンヌと二人だけで話します。その発する言葉に勇気づけられたシャルル七世は、ジャンヌ・ダルクに軍勢を与えてオルレアンに向かわせます。「奇跡」の始まりです。

おそらくは出生の不安に加えて、「ブールジュの王」と揶揄されたり、苦戦の続く中でほとんど無気力状態に陥っていたとされるシャルル七世は、この突如として現れた少女から、「王太子様こそが正統なフランス王となられるべきお方」というお告げを受けました」とか、その他いろいろと励まされて、気持ちを取り直したのかもしれません。アルマニャック派の最大の弱点は「国王の無気力」とも一部に言われていましたから。何だかんだと言っても、組織の命運を握るのはその長です。フランス王国の長である国王がやる気を取り戻せば、アルマニャック派の陣容は決してブルゴーニュ派・イングランド王軍に見劣りするものではありません。そして腐りかけている男性を奮い立たせるのは、やはり女性の力です。初めて会った国王にやる気を取り戻させてしまうのですから、ジャンヌ・ダルクが発する言葉には、やはり何か不思議な力が宿っていたのでしょう。言葉一つで人の気持ちがガラッと変わることはよくあることです。**言葉の力は、人を生かしもすれば殺しもします。**

ジャンヌの功績は、過小評価も過大評価も禁物です。軍勢を与えられて、「天空に座する救世主と百合の花を掲げる天使が描かれた三角旗」を振りまくって味方を鼓舞して、十代の少女が荒くれ者揃いの大の大人の兵士たちを勇戦奮闘させた功績は、確かに称賛に値するものです。ですが十代の少女、ついこの前まで農家の娘だった少女が一人頑張ったところで、戦争全体の趨勢が左右されるものでもありません。オルレアンを包囲するイングランド王軍は、いくつかの砦に兵力を分散させ過ぎていた。総勢四千人規模の軍勢をさらに各砦に分散させ、各所に四～五百人。そこをフランス王軍の三千人規模の、しかもジャンヌによって大いに戦闘意欲を覚醒された軍勢が各個撃破していきました。ジャンヌの活躍は活躍として、一方では敗れるべくして敗れたイングランド側の問題、そして今まで足並みが揃わなかったフランス側がやっと本気で取り組んできたという側面もあります。こうしてフランス王軍はオルレアン入城を果たします（1429年4月29日）。

5月8日にイングランド王軍はオルレアンより撤退。それを追撃しながら6月18日、フランス王軍はパテーの戦いで圧勝。そして7月17日、大司教座都市ランスでシャルル七世（1422～1461）の戴冠式が行われます。これで正真正銘のフランス王となりました。こうなれば軍の士気だっていやが上にも上がり、フランス王軍の進撃は続きます。

しかしそれと反比例するかのように、ジャンヌ・ダルクはオルレアン解放以後、次第にその存在感が薄れていきます。パリでもリールでも苦戦し、そしてコンピエーニュの戦いではイングランド王軍に捕虜とされてしまいます（1430年5月）。ジャンヌの身柄はヘンリ六世の摂政ベッドフォード公ジョンに送られ、ルーアンで宗教裁判にかけられます。罪状は「神の遣い」と称して人々を惑わしたこと。そして捕虜となってから約一年後、ジャンヌ・ダルクは火刑に処されます（1431年5月31日）。シャルル七世がジャンヌ救出に動いた形跡はありません。これが「恩人を見捨てた冷酷な王」というシャルル七世の評価にもつながってしまいます。

おそらくシャルル七世は、ローマ教皇との関係を配慮しました。教皇にすれば「神の遣い」と称して、神の声を勝手に語られてはかなわない。神の声を聞く「神の代理人」は教皇ただ一人でいい。フランス王として教皇の後ろ盾を必要とするシャルル七世は…。あとは大人の政治の話です。しかし戦後、良心の呵責もあったか、ジャンヌ・ダルクの名誉回復は行っています。戦争という大きな流れの中では、ジャンヌ・ダルクは小さなあだ花の一つでしかありませんでした。そして以後数百年、ジャンヌ・ダルクは完全に忘れ去られます。その彼女を有名人にするきっかけを作ったのが、ナポレオン・ボナパルトです。1803年、自身の皇帝即位を正当化するために、歴史の中に埋もれていた「救国の少女」を自分と重ね合わせることで、「我もまた救国の英雄である」というプロパガンダに利用しました。これをきっかけにジャンヌ・ダルクは一気に人気者となり、知名度は飛躍的に上がって現在に至っています。

「百年戦争」というのは後に作られた歴史用語ですから、当事者たちには「百年戦争」という認識は全くありません。お互いに「イングランド（フランス）との戦争」というものです。しかしこの百年というのが、時代を一区切りするには絶妙な時間単位であるので、敢えて当事者たちにはなかった「百年戦争」で何が変わったのか？　について述べますと、それは戦っている間に「フランスがフランスに、イングランドがイングランドに」なったということです。今の国家の感覚は一度忘れてください。それまではフランスもイングランドも、それぞれの領内に王権は存在するけれども、同時に領内各地に半ば独立化した諸侯がいて、その諸侯たちにとって大事なのは「フランス」や「イングランド」よりも、自分の所領と一門の安泰です。ユーグ・カペーがカペー朝を建てて以来、この時のシャルル七世までの歴代フランス王たちは、この諸侯たちに言うことを聞かせて配下に置くために散々苦心して、涙ぐましい努力を重ねてきました。そしてイングランド王はというと、これはもう1066年ノルマンディから海峡を渡ったウィリアム一世・征服王以来、歴代の王たちはフランスにも所領を持っていて、はっきり言ってイングランド王国よりもフランスの所領の方が大事という、いわば「フランス人」です。イングランド王であるにも関わらずフランス語しか話せない、そんな王はざらにいました。「仏英間の百年戦争」ではなく、フランス人同士の所領争い（佐藤賢一『英仏百年戦争』）と言えないこともないのです、当初は。それが百年にわたる戦いを通してやっと「我らと彼らとは別の国」、フランスはフランス、イングランドはイングランドという意識が強まってきました。ジャンヌ・

ダルクが兵士たちを動かせたのは、「フランスを救え！」という一言が、芽生え始めていた兵士たちの「フランス人」意識をくすぐったからともいわれます。イングランドの議会や貴族たちは国王がフランスで戦争ばかりするのを、苦虫を噛み潰す思いで見ています。「フランスでの戦争のためにいくら金を使うんだ！」と。それでもイングランド王はこの後も1801年まで「フランス王」を名乗りますから、執念深いのか、それだけフランスは魅力的に映るのか…。それはそれとして、この戦争は最初から「仏英の百年戦争」だったわけではなく、戦っている間に「仏」と「英」に分かれていった、というのが実情に即しているかと思われます。

以後はおまけのような戦いが続き、1453年フランス王軍がアキテーヌの奪還を完了。これをもって「百年戦争」は終わりということになります。

7　ハプスブルク家・三百年の宿敵

百年戦争に勝利したシャルル七世・勝利王ですが、晩年は王太子ルイとの軋轢に悩みます。父との対立が激化した王太子ルイは、父のまた従兄弟ブルゴーニュ公フィリップ善良公の下に逃げ込み。その間にシャルル七世が死去し（1461年7月）、ルイ十一世（1

461～1483）として即位します。

しかし国王に即位したルイ十一世は、今度はフィリップ善良公の息子、シャルル突進公とブルゴーニュ公領の帰属を巡り対立。戦いは十年に及ぶも、奪われたナンシーの再奪還を目指したナンシーの戦い（1477年1月5日）でシャルル突進公は、突進し過ぎたか無念の戦死。突進公には男子の跡継ぎがおらず、一人娘のマリーだけが残され、公領没収の危機。

そのマリーはブルゴーニュ公国のもう一つの飛び地であるフランドルへと逃れ、そこから神聖ローマ皇帝フリードリヒ三世の長男マクシミリアンに救援要請の手紙を出します。それを受けたマクシミリアンは、「中世最後の騎士」の異名そのままに颯爽と軍勢を引き連れて駆け付け、ヘントでマリーと合流（1477年8月17日）。翌日に結婚式を挙げるというスピード婚を実現させます。最初のお見合いの時から、両者互いに心惹かれ合う仲に。こうしてブルゴーニュ公領はマクシミリアン、そしてハプスブルク家に。こうしてハプスブルク家が絡んできたことが、以後三百年に亘って繰り広げられていく、両王家の対決要因となり、ヨーロッパ国際情勢の主軸となっていきます。1483年、ルイ十一世は死去。その王太子シャルルがシャルル八世（1483～1498）として即位します。

シャルル八世は亡き父王ルイ十一世が四十七歳の時、わりと年齢が行ってから生まれた子供でしたので、可愛くて大事に育てたかったのでしょう。とにかく王位継承まで無事に育つよう、やや過保護に育てられました。そのせいか、長じてシャルル八世は世間知らず・夢想家と評される、やや困りものの性格に育ちました。そして王家の子の常、子供時代から結婚相手も決められます。その相手がマクシミリアンの長女マルグレーテです（１４９０年）。

同年、マクシミリアンはブルターニュ公国の継承権を持つアンヌ女公と婚約を発表しますが、シャルル八世から横槍。これをブルターニュ公国の三部会も支持し、アンヌ女公もこの申し出を受け、シャルル八世妃となります。対してマルグレーテは婚約破棄。わずかに十三歳にして、人生の辛酸を嘗めることに。そのシャルル八世が１４９４年、イタリア戦争を始めます。

きっかけはシャルル八世のナポリ王国、オルレアン公ルイのミラノ公国への継承権。時のミラノ公ルドヴィーコ・スフォルツァ、通称イル・モーロは傭兵隊長からの成り上がりで、いわば乗っ取り。脛に傷を持つ身です。このイル・モーロ、ミラノから目を逸らさせるために、シャルル八世にナポリ進攻をけしかけ、単純なシャルル八世がそれに乗ってしまい、進攻開始。三万の大軍を率いて半島を南下し、ローマを経てナポリ王国を奪取に成功。しかしその間に諸国が反仏同盟を結成。帰国途上で一戦交えるも大敗。捲土重来を期しますが、アンボワーズ城の改築工事を視察中に、柱に頭を強打してそのまま死去（1498年4月）。男子の跡継ぎなく、傍系のオルレアン公ルイがルイ十二世（1498〜1515）として即位。

そのルイ十二世、イル・モーロを追い出して、ミラノ奪取に成功。しかしまたも諸国による反仏同盟の前に屈して、結局は何一つ得られずして死去。ルイ十二世も男子跡継ぎなく、分家筋のアングレーム伯家に移り、アングレーム伯フランソワがフランソワ一世（1515〜1547）として即位します。なお、ヨーロッパの歴史上でフランスほど、「反仏同盟」を結成された国はありません。特にこのイタリア戦争期、太陽王ルイ十四世時代、フランス革命・ナポレオン戦争の三期に集中しています。

フランソワ一世は身長が二メートル前後の大男でした。その体格そのままに勇猛で戦好き。と同時に女性も好き、そして何をやるにも派手好き。典型的なフランス人の王と呼べるキャラクターです。このフランソワ一世もやはりイタリアに首を突っ込みます。ノヴァーラの戦い（1515年9月）では、四万の大軍を擁してスイス傭兵主体のミラノ公国軍に圧勝。翌月にミラノを降伏させ、マクシミリアーノ・スフォルツァを追放。そこにいたイタリアの巨匠レオナルド・ダ・ヴィンチを引き取り、アンボワーズ城に住まわせて存分のその才能を発揮させます。『モナリザ』という後世に残る大作をこの地で創作したダ・ヴィンチは、その人生の最期も故国イタリアではなくフランスで迎えました。その代表作『モナリザ』は今も、パリのルーヴル美術館にあります。

時あたかも1519年1月12日、皇帝マクシミリアン一世が死去します。フランソワ一世は皇帝選挙に、ドイツとは縁もゆかりもないのに立候補します。もう一人の立候補者は、スペイン王カルロス一世。亡きマクシミリアン一世の孫。

この選挙は、皇帝を選挙する選帝侯への「袖の下」（いわゆる賄賂）の集金力に勝ったカルロス一世が勝利。神聖ローマ皇帝カール五世として即位します。フランソワ一世も融資・借金・増税・官職売買と、あの手この手を尽くして資金を集めましたが、フッガー家という当代随一の富豪を味方につけたカール五世には敵いませんでした。そしてもう一人、この勝利に貢献したのが、かつてシャルル八世に婚約破棄され、フランス王家に恨み骨髄のマルグレーテ。カール五世にとっては叔母。以後もネーデルラント総督としてカール五世の名補佐役。

しかし選挙の負けよりも、これでフランスは東西をスペインとドイツ、ハプスブルク家に挟撃される危機に陥ります。この危機を打開するには？　選挙で負けたなら戦場で勝つしかない。ということでその戦場は両雄の利害が複雑に交錯するイタリアになります。以後約二十年、フランソワ一世とカール五世は四度戦場で相まみえる宿敵に。

フランソワ一世は、打倒カール五世のために二人の人物に着目します。南のイタリア半島ではローマ教皇レオ十世、そして北のイングランドのヘンリ八世です。

教皇レオ十世はフィレンツェの富豪メディチ家の出身で、ルネサンスに感化されて派手好き、そして神への信仰よりも教皇領の拡大と、ローマ教会の収益増大の方が大事。この時はサンピエトロ大聖堂の改築費用捻出のため、贖宥状という、持っているだけで天国に行ける？　という怪しげなお札を各国で売りまくり。その手の商才は、さすがに富豪メディチ家出身です。その贖宥状が元で、ドイツではマルティン・ルターという修道士が、「そんなお札は役に立たない。救いは聖書に基づいた祈りにのみある」と抗議の声を上げ、後に「宗教改革」と呼ばれる未曾有の大混乱に陥っています。

フランソワ一世が頼りにしているもう一人は、イングランド王ヘンリ八世です。そのヘンリ八世とフランソワ一世は１５２０年６月、カレー付近、ギーズとアルドルの間で、「金襴の陣」と呼ばれる会見を行います。これはもう会見というよりも、両国王が贅の限りを尽くした宴・お祭り・仮面舞踏会…、約一か月続いた乱痴気騒ぎです。フランソワ一世はイングランドとの同盟を熱望していましたが、ヘンリ八世の妃キャサリンは皇帝カール五世の叔母。英王はフランソワ一世の要求をのらりくらりとかわし続けます。両王によるレスリングの試合で負けたことで不機嫌であったから、とも言われますが。また歴代の英王と同じく、ヘンリ八世もまたフランスへの領土的野心は消えていませんでした。

こうした一癖も二癖もある教皇や英国王に一抹の不安を感じながらも、開戦の機を虎視眈々と窺うフランソワ一世。皇帝と所領問題で揉めた地方領主をけしかけ、カール五世と開戦（1521年）。

戦いの主戦場は、やはりイタリア半島。イタリア半島でのフランスの牙城はミラノ公国です。マリニャーノの戦い（1515年）で勝ち取った後、ミラノの国王総代としてブルボン大元帥を任命します。そのブルボン大元帥の賢明な統治によってミラノは治まっていました。しかし愛妾フランソワーズのささやきに負けたフランソワ一世。愛妾の兄をミラノ総督に。しかしこの新総督が無能の極みで、市民からも近隣の諸侯からも嫌われ、皇帝側にミラノを奪われる大失態。

フランソワ一世も、今度は自身が直接乗り込んでのミラノ奪還を期し、再度ブルボン大元帥に白羽の矢を立てるも、その頼みの綱が何と事もあろうにカール五世側に寝返り。ブルボン大元帥、これ以外に、所領の相続でも王母に難癖を付けられて認められず。ならば「こんな上司の下でやってられるか！」となるのが人情。軍の指揮権と皇帝の姉妹との結婚という条件で、カール五世に寝返ります。フランソワ一世にとっては痛恨の極み、いや自業自得。

それでもミラノを再奪取したフランソワ一世は、さらに皇帝軍と一気に決着をつけるべく、ミラノ南方のパヴィーアへと向かいます。戦いは一進一退の様相です。しかしそこで何を思ったか、フランソワ一世が自ら出陣を高らかと宣言。万事に目立ちたがり屋の王は、自分が華々しく活躍しない勝利は面白くなかったのか。ともかくもフランソワ一世が出陣することで、それまで猛烈に敵に打撃を与え続けていた砲兵隊は、「国王に当たってしまっては一大事」と撃てなくなり、火砲の威力を発揮できなくなります。そこに皇帝軍のレイバ将軍による猛反撃が重なってきます。そして…、哀れフランソワ一世が皇帝軍の虜囚の身。のみならず、軍の高官たちが軒並みに戦死もしくは捕虜となる始末。パヴィーアの戦い（1525年2月24日）はフランスにとって大敗、いや大惨事になりました。

「国王、囚われる！」の報は、直ちに本国にも伝わりました。当然、上を下への大騒ぎです。フランソワ一世は出征前に、母后ルイーズを摂政に任命していました。その母后ルイーズが息子と王国の一大事に臨んで、軍の立て直しに皇帝側との交渉と、八面六臂の活躍を見せます。

国王が敵国の捕虜にとなれば、他国なら反対派が一斉に蜂起して、国が未曾有の大混乱に陥ったかもしれません。しかしフランスはここまで百年戦争などの数々の危機を乗り越えることで、他国に比べると「フランス」という国としてのまとまりを強くしていました。フランス人たちはこの危機において、見事な団結を示しました。新兵を招集して軍を再建、義援金、国内の工場に軍用品の生産にと、「フランス」の危機を何とかしようとフル稼働しました。当然ながら、まだ後の世ほどではありませんが、「フランス」への素朴な愛着、愛国心の萌芽のようなものが確実に芽生えてきていました。

両者の交渉により、ブルゴーニュとイタリアは全て放棄。仏王は皇帝の姉エレオノーレと結婚。仏王の身柄解放の代わりに、息子二人を人質としてマドリードへ。皇帝も大幅譲歩してマドリード条約（1526年2月）がまとまります。因みに皇帝の姉エレオノーレには先に婚約者がいましたが、そのお相手はまたしてもブルボン将軍。役職・領地に続いて花嫁までもお取り上げ。同情はしますが、ここまで続くと何か**ご先祖様よりの不徳が影響**しているのか…？

帰国したフランソワ一世は案の定、皇帝との条約を反故にします。ローマ教皇大使を通じて、「脅迫によって結ばれた条約は有効ではない」とカール五世に通達。フランス王国の三部会も同じく、マドリード条約の批准を拒否します。そしてローマ教皇らとコニャック同盟（1526年5月22日）を締結し、再度カール五世に対抗。これもまた現代まで脈々と受け継がれる、フランスとフランス人の「**いかなる自己の行為をも正当化する**」術の一つ、と言えるでしょう。しかし同盟は締結したものの、フランソワ一世はすぐさま軍を動かすことはできませんでした。理由は金欠です。

これに怒ったカール五世は、ドイツから反ローマ教皇に燃えるルター派の傭兵を呼び寄せて同盟諸国を襲撃。しかしこの傭兵たちが、永遠の都ローマで掠奪・強姦など乱暴狼藉（「ローマ劫略」1527年）。傭兵が戦争する目的は、愛国心でも君主への忠誠でもなく、100％金です。給料が一日でも遅れようものなら、戦闘停止のスト突入。それはまだ良い方で、食べるにも事欠くようになると、今回のような略奪に走ります。また命あっての稼業で、死んだら元も子もなし。だから傭兵同士の戦闘は、互いのあうんの呼吸で、適当なところで手打ち。真剣勝負か八百長かで言うなら、八百長のような戦闘は日常茶飯事でした。

これによって教皇とローマ教会の権威は地に堕ち、華やかなりしイタリア・ルネサンスも終焉。その一方で皇帝カール五世に対しても改めて恐怖と怨嗟の念が各国に沸き上がります。それを見たフランソワ一世は、英王ヘンリ八世に呼びかけて、皇帝軍に対抗。しかしカール五世には他にも帝国内の宗教対立にオスマン帝国の脅威という難問。そこで皇帝の叔母のネーデルラント総督・マルグレーテと仏王の母后ルイーズが水面下で交渉。この二人、マルグレーテの三度目の結婚相手サヴォア公を通じて義姉妹の関係。こうして締結されたのが、カンブレー条約（1529年8月）で、ひとまずの和平が成立。この和平、ルイーズとマルグレーテ、二人の女性に敬意を表して「貴婦人たちの和約」とも呼ばれています。

翌1530年、フランソワ一世の身代わりとしてマドリードで人質になっていた王太子フランソワとオルレアン公アンリ、二人の王子たちが帰国を果たします。同年、フランソワ一世もとうとう年貢の納め時で、皇帝の姉エレオノーレとやっと結婚します。1533年10月、次男のオルレアン公アンリが。相手は王族ではなく、イタリアはフィレンツェの富豪・メディチ家の娘で、名はカテリーナ。前教皇レオ十世の甥の娘です。レオ十世はジョヴァンニ、現教皇クレメンス七世はジュリオ、共にメディチ家の出身ですから、ローマ教皇との関係強化。加えてメディチ家という富豪からの花嫁なら、持参金もかなりの額が期待できて、王国財政の助けにもなります。

お隣ドイツでの「宗教改革」の混乱は、徐々にフランスにも伝わってきます。フランソワ一世は当初、フランスでは後にユグノーと呼ばれることになるプロテスタントにも比較的寛容でしたが、「我らが主、唯一の仲保者にして救い主なるイエス・キリストの聖晩餐に真っ向から逆を行き、でっち上げられた教皇の恐るべき誤謬…」なる檄文が、事もあろうにアンボワーズ城の、フランソワ一世の寝室の扉にまで貼られると、一転して厳しく取り締まり。しかしながら、ドイツのプロテスタントは、カール五世との対抗という政治的都合で支持。１５３６年には、それよりももっと遠い、異教徒イスラムのオスマン帝国と同盟。これもまたカール五世への対抗のため。時には**信仰よりも国益**。普通ではなかなかできないこの芸当。フランス人の図太さ、ここでも真価を発揮します。

フランソワ一世はまたもやカンブレー条約のことをすっかり忘れて、ミラノへの継承権を主張します。しかしいきなりミラノへは向かわず、まずはアルプスの麓のピエモンテ、トリノを占領。ミラノ進攻へ圧力をかけます。これに対してローマにいたカール五世は、マルセイユに上陸。「マルセイユから一気にパリへ！」と鼻息荒く、今度こそは仏王の息の根を止めてやるの意気込みです。しかしこの度は、フランス王軍が奮戦し、カール五世は撤退を決断。結果は両者痛み分けですが、実質はフランス王軍の判定勝ち。フランソワ一世はカール五世に対して、初めて勝利と呼び得る戦果を挙げることになりました。その後両者は、教皇パウルス三世の仲介によるニース和平会談（１５３８年９月）で和解、十年間の休戦が決められます。

このニース会談、しかし本番はこの後でした。仏王の妃にして皇帝の姉エレオノーレを介して、義兄弟となった両者は終始和やかな非公式会談。酒も入ってお互いが永遠の友好を誓いましたが、皇帝が酔った勢い？　で言った（とされる）「ミラノをフランス王に…」の一言が、両者の再戦の火種に。

なおミラノを諦めていないフランソワ一世はその後、カール五世に使者を送って、「ミラノの件はいかがで…？」と問うと、「そんなことは言った覚えがない」という返事。**酒は飲んでも呑まれるな**。この一言にフランソワ一世は激怒。義弟である皇帝への敵意が再燃。1542年7月のフランス王軍の先制攻撃によって、両雄の四度目の対決の火ぶたが切って落とされました。東部ルクセンブルクと西部スペイン国境での二正面作戦で、フランス王軍は奇襲攻撃に成功、両方で皇帝軍を混乱に陥れます。しかし決定打を加えることはできず、クレピーの和約が結ばれて休戦が成立（1544年9月）。内容はニース会談以後、つまりは此度の戦いで奪い合った領地はお互いに返還。そして毎度のようにフランソワ一世には、「ナポリとミラノはいい加減諦めろ」「オスマン帝国に協力するな」「ドイツのプロテスタントをけしかけるな」、要は今までの内容の焼き直し。

そんなフランソワ一世にも寄る年波が。そして1547年3月31日、「ギーズ家の野心には十分注意するように」と忠告。「勝負を放棄する」と最後の一言を発して、この世を去りました。五十二歳でした。フランス王位は、次男アンリがアンリ二世（1547～59）として即位しました。かつてフランソワ一世がマドリードでの虜囚生活から解放されて帰国を果たす際に、王の身代わりとしてマドリードに人質に取られていった二人の王子のうちの一人です。

そのアンリ二世、メディチ家のカテリーナを妃に迎えながら、宮廷の貴婦人ディアーヌ・ド・ポワティエとも逢瀬の日々。少年時代、スペインに人質に取られる際、そっと優しく抱きしめてくれたのがディアーヌ。その温もりを忘れることなく、帰国後の騎馬試合で求愛。そのまま愛人関係に。その年の差は二十歳。ここまで学べとはさすがに言えませんが、こういうことを何とも思わないのがまたフランス人の図太さです。その間、新婦のカテリーナはアンリ王子に夜の相手もされず孤閨をかこり、周囲からは「商人の娘」とバカにされるなど、忍従の日々を送ります。もうこのまま誰にも相手にされずに、寂しい宮廷生活を送って一生を終えるのかと思われましたが、ディアーヌが「国王のお務めはしっかりとなさった方が」と王に助言。単なる愛妾というだけではなく、擬似母親とも慕うディアーヌの助言には素直に従ったアンリ王子。妃カテリーナとも夫婦の夜の務めを果たすようになります。その結果、結婚して十年以上も子宝に恵まれなかったこの夫婦が、1544年に長男フランソワが生まれると、まるで堰を切ったかのように次々と子供が生まれ、ついには十人の子宝に恵まれるまでになりました。

アンリ二世は即位するとすぐにカール五世との戦いに入ります。人質に差し出したのが父フランソワ一世なら、人質として自分を冷遇したのがカール五世。フランス王国としても個人としても、憎き仇敵です。そして国王が代わっても、フランスがハプスブルク家に挟み撃ちされている危機的状況に変わりはありません。あまり好きではなかった父フランソワ一世ですが、その個人的感情は抜きにして、アンリ二世もカール五世への復讐の機会を窺っています。

その機会は意外なところから巡ってきました。それは皇帝の臣下、ザクセン選帝侯モーリッツからです。いくら父フランソワ一とは相容れなかったとしても、それでも父は異教徒オスマン帝国と、子は異端のルター派諸侯と、共に信仰を度外視して国益のために結ぶ。さすがフランス王です。そのモーリッツ侯の協力もあり、アンリ二世はカール五世に対して、まずはささやかな復讐を果たします。

その後もカール五世との戦いは続きますが、全てに疲れ切った宿敵カール五世が、皇帝位はじめすべての位を生前譲位（1556年9月）。神聖ローマ帝国とオーストリアはその弟がフェルディナント一世として、スペイン・イタリア・ネーデルラント・新大陸はその長男がフェリペ二世として譲り受け、ハプスブルク家はオーストリア系とスペイン系に分かれます。それでもフランスが、ハプスブルク家によって東西から挟み撃ちされている危機に変わりはありません。アンリ二世は各地の公領に州総督と呼ばれる国王の代官を派遣する内政の改革を進めながら、王国の基盤強化を図ります。この州総督制度によって、地方の領主たちの領地がフランス王国の州という扱いになり、王権の強化がさらに進んでいきます。

そしてまたもイタリアが仏西両国の戦場と化します。アンリ二世対フェリペ二世と息子たちの代になっても、両国の戦いは続きます。これはもう国王個人の問題ではなく、フランス王家とハプスブルク家との間の地政学的要因を含めた、宿命の対決と言えます。そしてイタリアで上がった戦火はそこだけにとどまらず、翌57年にはイングランドも参戦。この時のイングランド王はメアリ一世、同国初の女王。ヘンリ八世（生涯六度の結婚）とその最初の妃キャサリン・オブ・アラゴンとの間に生まれ、今はフェリペ二世の妃で、「スペイン人」と呼ばれたほどの半ば狂信的なカトリック。つまりこの時のフランスは、西のスペイン・東のドイツだけではなく、北のイングランドまでがハプスブルク家の勢力下という、南のイタリアまで加えれば父の代と同じ、いやそれ以上の四面楚歌となっていたわけです。その両軍がフランス北部のパリを守る要衝、サン・カンタンの地で相まみえることになります。

そのサン・カンタンの戦いでフランス軍は決定的な敗北を喫します（1557年8月27日）。しかもただ負けただけではなく、モンモランシー大元帥はじめ軍の有力な将軍たちが軒並み捕虜に取られるという大敗。しかしこの大敗の中、ギーズ公フランソワがカレーを奪還（1558年1月6日）という光明。パリでは祝福の嵐。一方のイングランドはこれで大陸の所領を完全に失い、名実ともに島国となりました。この後スペインとの間で、カトー・カンブレシ条約（1559年4月3日）が締結されます。こうして1494年から続いた「イタリア戦争」は終結。結果にスペインの完勝、そしてイタリア半島での覇権確立です。フランスはハプスブルク家の脅威に晒され続けることに。

カトー・カンブレシ条約によって、アンリ二世の娘エリザベートがフェリペ二世と、妹マルグリットがサヴォワ公エマヌエーレ・フィリベルトと二組の結婚も決まりました。その結婚式は1559年6月30日にパリで開かれ、その後は定番の騎馬槍試合。しかしここで、誰もが想像もしなかった大惨事が起こります。

この騎馬槍試合に出場したアンリ二世。しかし対戦相手の槍が王の右目を直撃するという大惨事に。しかもその切っ先がこめかみへと貫通。当然、アンリ二世は意識不明となってその場に倒れこみます。こうなったら試合どころではありません。筆頭侍医たちが駆けつけて、緊急手術です。

二十世紀の終わりごろ、『ノストラダムスの大予言』などで一時的に有名になったノストラダムスは、この時フランス王宮に占星術師として仕えていた実在の人物です。そのノストラダムスは、この時から四年ほど前に、自身の詩集の中でこう書いていました。

「若き獅子、老いた獅子を打ち倒さん。戦いの場にて、一騎討ちの勝負により、金色の囲いの中、男は目を取られる。ふたつがひとつに、それから死が訪れる。残酷な死」（佐藤賢一『ヴァロワ朝』より）

これがあまりにもアンリ二世を襲った悲劇に酷似していたので、一時期もてはやされました。それよりもアンリ二世の容態ですが医師団の懸命の治療もあって、大きな木片を摘出することに成功しますが、細かい欠片が脳みそにまで達していたようで、これが命取りに。悲劇から約十日後、昏睡状態に陥ったアンリ二世、四十歳の若さで死去します。残されたのは王妃カテリーナ・デ・メディチと、幼い子供たちです。

8　アンリ四世　フランスを救った「とんぼ返り」

不慮の事故死を遂げたアンリ二世を継いだのは、長男のフランソワ。1559年9月21日、フランソワ二世（1559〜60）として即位します。いまいち線の細いこの長男を、これから国王として盛り立てていくことになるのが、その母カテリーナ。以後はフランス風にはカトリーヌ・ド・メディシスです。それに比べて厄介なことになりそうなのが、台頭してきたギーズ家。ギーズ公フランソワがカレー奪還の大手柄を立てたのみならず、その姉マリーがスコットランド王ジェームズ五世と結婚し、長女を出産（1542年）。直後に王が戦死したため、この長女は生後わずか六日で国王に即位。しかし隣国イングランドの脅威を避けるために1548年8月にフランスに渡り、ギーズ家に育てられ、時の王太子、そして今や新国王となったフランソワ二世と結婚。スコットランド女王にしてフランス王妃にもなります。名はフランス語ではマリー・ステュアール。英語ではメアリ・ステュアート。はるか後年、イングランド女王エリザベス一世によって斬首に処され、悲劇の女王と呼ばれるお方。これでギーズ家は、日本の藤原家よろしく、王の外戚としての影響力を強化することに成功。

しかし生来病弱だったフランソワ二世は、１５６０年12月5日、即位わずか一年三か月で死去。妃マリーとの間には子供はおらず、弟シャルルがシャルル九世（１５６０～７４）として新たに即位します。

王妃としての立場を失ったマリーは、カトリーヌによって体よくスコットランドへ追放。カトリーヌのことを「お店屋さん」とか散々バカにしてきた、その急先鋒がマリー。こうした政治感覚のなさが、後に彼女の命取りとなるのですが…。ここでも**口は災いの門**、自業自得。そして我が世の春を謳歌したギーズ家も、王宮から一時退散。摂政カトリーヌ・ド・メディシスが実権を振るう時代が到来します。

しかし世は、次第にカトリックとユグノー、宗派対立が緊迫の一途。ヴァシーで聖餐式を受けたギーズ公の一行と、その付近で集会を開いていたユグノーの一団が遭遇。それが大乱闘に発展。ユグノー側は七十四人の死者に、約二百名の負傷者。これが「ヴァシーの虐殺事件」（１５６２年3月1日）と呼ばれ、激怒したユグノーが各地で蜂起。この後約四十年にわたる「ユグノー戦争」の幕開けとなり、最終的には第八次まで繰り広げられるこのユグノー戦争。この間のフランスは血で血を洗う内戦となります。

フランスのみならず、ヨーロッパ各地でカトリックとプロテスタントの対立は激化。それが最も凝縮されているのがネーデルラント（低地諸州）で、ここは今スペインの統治下。歴史上で使われるネーデルラントの範囲は、大よそ現在のベルギー・オランダ・ルクセンブルク、「ベネルクス三国」の範囲です。このうち南ネーデルラントと呼ばれる現ベルギーの地域はカトリックが多数で、ひとまず小康状態。対してプロテスタント多数で、スペインに激しく抵抗を示しているのが北部ネーデルラント、現在オランダの地域です。北部のプロテスタントたちは、自らを「ゴイセン（乞食）」と、スペイン人が使う蔑称をそのまま自称し、イングランドのエリザベス一世は隠れてこっそりとゴイセンを支援。そしてゴイセンはフランスのユグノーにも共闘を求めてきています。一方のスペインも猛将アルバ公をネーデルラント総督に任命して、弾圧で取り締まり。フェリペ二世も姻戚関係（妃エリーザベトがシャルル九世の妹）のよしみでフランスに協力を求めてきています。ネーデルラントでのスペイン軍・アルバ公の弾圧強化は、フランス国内のユグノー派も刺激。ユグノー戦争はもはや、諸国の情勢も複雑に絡み合ってくる、事実上の国際紛争の様相を呈してきます。

その間フランス王宮では悲喜こもごもの人間模様が繰り広げられます。カトリーヌには国王シャルル九世の他にも、その弟にアンジュー公アンリ、アランソン公フランソワ、妹に王女マルグリットがいます。このうちカトリーヌが最も溺愛しているのが、アンジュー公アンリ。すでに国王総代として数度戦場でも武勲を挙げ、人気も上々です。

カトリーヌにとっては子供たちの結婚も政治の道具です。シャルル九世は神聖ローマ皇帝マクシミリアン二世の娘、エリザベート・ドートリッシュと結婚。東の安定を図った次は北のイングランド。お気に入りのアンジュー公アンリと、イングランド女王エリザベス一世との結婚話を進めますが、この時アンリ二十歳に対してエリザベス三十八歳。さすがの年の差にアンジュー公アンリが「嫌だ！」と難色を示した上に、エリザベス一世にも「結婚する…、やっぱりしない」とのらりくらりとかわされて、結局破断。

カトリーヌの娘マルグリットは、アレクサンドル・デュマの作品『王妃マルゴ』の主人公となる女性です。フランス国内に目を転じてみると、格好のお相手が。名はアンリ・ドゥ・ブルボン。ナヴァール王子にして、ヴァロワ家の分家・ブルボン家の当主として王位継承権もあり。ユグノー派との宗教融和策も打ち出せます。カトリーヌはその母であるナヴァール女王ジャンヌ・ダルブレと会談して、渋るジャンヌをどうにか説き伏せながら、二人の縁談を成立させます。その直後、式参列のためパリに来たジャンヌは急死。一説にはカトリーヌによる毒殺説もありますが、真相は闇の中。これによりアンリはナヴァール王に即位。そして1572年8月18日、式典はカトリック・ユグノー双方の形式で行われることに。摂政カトリーヌ、その剛腕で子供たちの縁談を次々と決め、王家の安泰と国内の融和へ向けて着々と布石を打ちます。

1572年8月18日の婚姻日。アンリ・ドゥ・コンデ（ナヴァール王アンリの従兄弟）とギーズ家のマリーとの結婚式。パリを追放されていたギーズ公アンリも、親族の結婚祝いという大義名分ができてパリに見参。当然多くの家臣たちも。そしていよいよ大目玉のナヴァール王アンリとマルグリットとの婚姻式。これまた大勢のユグノーたちが、自分たちの統領の晴れの場を見守るためにパリに大集合。いつしかパリは、大勢のカトリックとユグノーが対峙する場に。当然、緊張が高まります。そんな中で挙行されたアンリとマルグリットとの結婚式、場所はノートルダム大聖堂。カトリックの聖堂なので新婦は内、新郎は外。枢機卿も新婦には秘蹟を捧げるも、新郎には祝福だけという、両派の儀式・教義を擦り合わせた折衷案で行われて、ひとまず終了。あとは連日連夜の披露宴と街中でのお祝い。まずはめでたしめでたし。ところが四日後、そんな祝福ムードを打ち消す大事件。

8月22日、国王が父とも慕うコリニィ提督撃たれる、という重大ニュースが飛び込んできます。幸いにも急所は外れ、一命は取り止めますが、ユグノー側は激昂。お祝いムードは瞬時にして消え、緊張感が高まります。真の主謀者はカトリーヌで、「何かと邪魔なコリニィ提督を排除するため」など諸説ありますが、確証はなく真相は闇の中。ただ最後にシャルル九世が、「皆殺しにしてしまえ！」とやけっぱち？　ともいえる一言を発したとされ、この決定でユグノーへの大虐殺が繰り広げられました。翌24日が聖バーソロミュー

（バルテルミ）の祝日だったことから、「サンバルテルミの虐殺」と呼ばれる事件です。

8月24日に始まった虐殺、終わりがいつかは混乱状態ゆえにはっきりしませんが、パリ市内では四千人のユグノーが殺され、「セーヌ川の水が赤く染まった」とされるほど、猖獗を極めたものになりました。一度は一命を取り止めたコリニィ提督も、今度は屋敷まで襲撃を受けて命を落としています。虐殺はパリだけにとどまらず、フランス全土に広がり、犠牲者は一万五千～二万人と推定されています。この報せを受けたローマ教皇グレゴリウス十三世は、虐殺を祝福して讃美歌「テ・デウム」を歌わせました。この虐殺をローマ教会が正式に非として認めるのは、428年後の西暦2000年、教皇ヨハネパウロ二世が謝罪することによってです。この虐殺をきっかけにユグノー派もまた立ち上がり、ユグノー戦争が再開されます（第四次）。

サンバルテルミの虐殺後、両派の争いは再び激化します。戦闘の激化に伴ってシャルル九世の健康状態、とくに精神の病が進み、些細なことで周囲に当たり散らすなど、感情の乱れが目立ち始めます。1574年5月30日、シャルル九世はヴァンセンヌ城で結核も併発して二十四歳の若さで死去。最後の一言は「それでは母上、お先に」。強すぎる母と時代の激流に太刀打ちするには、あまりに線が細すぎる国王でした。

シャルル九世にも男子の跡継ぎがおらず、王位はつい先ごろポーランド王に選出された、アンジュー公こと弟のアンリに巡ります。ポーランド宮廷による追跡を必死に逃れて、帰国を果たしたアンジュー公アンリはランスで戴冠式を挙げ、アンリ三世（1574～89）として正式にフランス王に即位します。続く第五次戦争では、囚われの身となっていたナヴァール王アンリが王弟アランソン公フランソワと共に王宮からに脱走し、ユグノー軍へと合流。以後、アンジュー公となるフランソワはこの後、ネーデルラントのゴイセンらと接触。ネーデルラント王に色気を示し、アンリ三世とカトリーヌの悩みの種に。

ネーデルラント王に執念を燃やすアンジュー公フランソワは、しきりにアンリ三世とカトリーヌに支援を要請。そして二人が出した条件は、「イングランド女王エリザベスと婚姻せよ」。そうすれば仏・英・蘭の同盟で、十分ハプスブルクに対抗できる。アンジュー公フランソワ、単身渡海してエリザベス一世と交渉。エリザベスは「蛙ちゃん」とあだ名付けして、その純な気持ちにほんの少し心動かされた兆しも見受けられましたが、最後は政治家としての理性が勝って結局は破談。何も得られずに傷心でイングランドを去ったアンジュー公フランソワ。ネーデルラントからも体よく退去させられ、帰国したのもつかの間、結核が元で死去（1584年）。この死がヴァロワ朝にとって重大な意味を持ってきます。

当初はたくさんいたカトリーヌの息子たちも、次々と若くして、しかも跡継ぎを遺せずに死去し、そして今また国王の弟アンジュー公フランソワまでが死去。気がつけば遺された兄妹は、アンリ三世とナヴァール王妃マルグリットのみ。マルグリットには王位継承権はなく、もしアンリ三世が跡継ぎなく死去となれば…、ヴァロワ朝は断絶。その次の筆頭継承者は、ルイ九世の次男ロベールに連なる、ブルボン家のナヴァール王アンリ。そうなればブルボン朝が始まることになります。それ自体は過去、カペー家からヴァロワ家の王朝交代もあるので、何ら問題はないのですが、最大のネックはそのナヴァール王アンリがユグノーであること。それはさすがにカトリック大多数のフランス人が納得しないであろうと察したアンリ三世は、使者を遣わしてカトリックへの改宗を促しますが、ナヴァール王アンリはこれを拒否。

そのうちに天下の形勢は三分。「フランス版三国志」といえる状況になりました。一人目は現国王アンリ三世。母カトリーヌの力を借りながら、どうにか宗教対立を融和させて、外国特にスペインの介入は何が何でも防ぎたい。二人目はギーズ公アンリ。東部ロレーヌを基盤とする有力貴族。先代フランソワがカレー奪還という大手柄を立ててから宮廷内での力を増し、一時期は国王の外戚にも。現アンリは、サンバルテルミの虐殺事件でユグノーを殺戮しまくった強硬派カトリック。しかしその背後には、スペイン王フェリペ二世の影がちらつきます。そして三人目は、ナヴァール王アンリ。ヴァロワ家の分家・ブルボン家に生まれ、母ジャンヌ・ダルブレに仕込まれたユグノー派の頭領。幼少期より政治情勢に振り回されて、ここまでユグノーとカトリックとの間で改宗すること四回。しかし不思議とどちらの陣営に移っても、なぜか御輿に担がれる、その人間的魅力。豊臣秀吉のような人たらし。もしアンリ三世に男子の跡継ぎなく、ヴァロワ朝断絶となった時には、筆頭の王位継承者。この三者三様、いずれも個性的な三人のアンリが、フランスの天下を賭けて繰り広げる戦闘と権謀術数。「トロワ（三人の）アンリの戦い」と呼ばれます。この三すくみの状況下で始まったのが、第八次戦争（1585年3月）。

ギーズ公アンリはスペイン王の支援も受けて、パリを掌握し、アンリ三世を追放。ナヴァール王アンリの王位継承拒否し、アンリ三世には「その金で宮廷会でもやっておられよ」と十二万エキュの援助金をくれてやる余裕。アンリ三世はこの金で「四十五士隊」なる、ガスコーニュ人貴族による近衛部隊を組織。そして1588年12月23日、「やっておられよ」と言外に言われた宮廷会にギーズ公アンリを招待。そして自分がくれてやった金で作られた四十五士隊が、ギーズ公とその弟の枢機卿をぐさりと一刺し、暗殺。その取り巻きたちも一斉逮捕。まさに「窮鼠、猫を嚙む」アンリ三世の大胆な行動。**油断大敵**、そして相手を中途半端に追い詰めない、追い詰めるなら本当に**最後まで非情に徹してやらねば痛い思いをする**、という教訓です。ギーズ公アンリ、やや図に乗り過ぎて目が曇ったか、これで「トロワアンリ」のうち一人が、歴史の舞台から退場します。

しかしこれに激怒した旧教同盟側は、「暴君アンリ三世を打倒せよ！」と各地でバリケードを築いて、国王との対決姿勢を鮮明に。新たに亡きアンリの弟、マイエンヌ公シャルルを筆頭に、名も「神聖同盟」と改めて、ますます反国王・反ユグノーに。追い打ちをかけるように、王母カトリーヌが死去（1589年1月5日）。同年8月1日、アンリ三世の下を一人の修道士が訪問。名はジャック・クレマン。パリからの手紙を託された、という理由で王へのお目通りが叶い、そして近づいたところを背中から短剣でぐさりと一刺し。クレマンはその場で取り押さえられて斬殺。アンリ三世を刺した短剣は腹まで達して、瀕死の状態。死を覚悟したアンリ三世、急報で駆け付けたナヴァール王アンリを、その場で王位継承者に承認。そして「カトリックに改宗されよ」。これが遺言。8月2日午前三時、アンリ三世死去。そしてこの瞬間、ヴァロワ朝も断絶。形式上はここでナヴァール王アンリがアンリ四世となり、ブルボン朝が始まります。

アンリ四世（1589～1610）は今でも、フランス人に最も人気のある国王の一人です。一説では、かのナポレオン・ボナパルトよりも人気があるとされています。そのアンリ四世がフランス王に即位。しかし即位はしましたが、それだけではこのフランスの争乱は収まりません。それどころか「ユグノーの王」ということで、旧教同盟側は一層抵抗の意を強くします。そして案の定、アンリ四世の伯父、ブルボン枢機卿を「シャルル十世」として擁立します。ここに二人のフランス王が並立する事態となりました。カトリックの牙城たる王都パリでも、市民はユグノーの新国王を全く歓迎しません。やむなくアンリ四世は一時パリを撤退し、各地を転戦。今や時の勢いはアンリ四世に味方し、連戦連勝。しかし**馬上で天下を奪っても、天下を治めることはできません**。どれだけ地方の戦いで勝っても、フランス王として認められるためには、パリに入城を果たし、ランスで戴冠しなければフランス王とは認められません。そのパリを巡って、アンリ四世のユグノー・ポリティーク派連合と、マイエンヌ公シャルルそして黒幕のスペイン王フェリペ二世が熾烈な争いを繰り広げ、一時アンリ四世はパリを包囲。しかしフェリペ二世の本格的なてこ入れを受けた旧教同盟側が盛り返し、1590年9月パリに入城。

こんな激動と緊迫の情勢下でも、アンリ四世の女性漁りは止まることを知らず。同年11月、「生涯で一番ぞっこんになった」とされる、ガブリエル・デストレと出会います。その後も転戦を続けて戦いには勝利するも、パリ入城は未だ果たせません。繰り返しになりますが、局地戦はいいのです。一にも二にも大事なのはパリ！　パリを押さえる＝フランスを押さえる、です。そのパリでは、神聖同盟が全国三部会を召集。サリカ法典の破棄を決めます。これは「フランス王は男子のみ」の法源。これを廃止するということは、もはや年齢的に跡継ぎは期待できそうもない「シャルル十世」が没した後、スペイン王フェリペ二世の娘イサベル即位に向けての伏線では？　イサベル王女の母はエリザベート妃で、故アンリ二世の娘、故アンリ三世の姉。サリカ法典さえ廃止すれば、イサベル王女は血筋としては国王即位に問題なし。旧教同盟側は、長年の慣習を変えてでも、何が何でもユグノーの王を阻止する腹積もりです。かくなる上はとアンリ四世、「もうここで腹を括るしかない」と重大な決断。その決断を、愛人ガブリエル・デストレへの手紙で伝えます。そこには「**余はとんぼ返りをする**。それは日曜日になるでしょう」とありました。

「とんぼ返り」の意味するところ、それはずばり、カトリックへの改宗です。この歴史を変える重大な決断を、愛人への手紙で最初に表明するところが、また何ともアンリ四世らしいところです。しかし此度の改宗、五度目になりますが、これまでの改宗とは持つ意味合いと重みがまるで違います。これまではナヴァール王アンリ、一小王国の王、そしてユグノーの頭領としてのもので、しかも人質に取られてやむに已まれず強制されて、というものでした。しかし今や、れっきとしたフランス王アンリ四世です。その改宗の意味が持つ重みは、これまでの比ではありません。今ならさしずめ、アメリカ大統領がイスラム教に改宗！　ぐらいの衝撃。そして1593年7月25日、フランス王家の墓、サン・ドニ大聖堂で正式にカトリックに改宗。翌94年2月27日、本来の地ランスが神聖同盟側による占領下にあるため、やむを得ずシャルトル大聖堂で戴冠式。そして塗油の式により、「天使がもたらした聖油を体に塗ることで、神通力を帯びた」アンリ四世は、その後に病人たちに触れて彼らを癒す、ということまでやり通しました。ここまでやったアンリ四世を、パリの大多数の市民たちは、やっと国王として認めます。同3月22日、アンリ四世ついにパリ入城。ここまで、どれだけ攻めて攻めて攻めまくっても落とせなかったパリを、「とんぼ返り」の大決断一つで落としました。まさに歴史を大きく動かした「とんぼ返り」でした。

このアンリ四世の「とんぼ返り」、カトリックへの改宗が大きな潮の変わり目となりました。やはりカトリックが多数を占めるフランス人たちにとって、国王がカトリックであることが与える心理的な影響は、絶大なものがありました。パリは呆気なく開城。その後も同94年4月と5月で、各都市が軒並みアンリ四世に恭順の意を表明。それでもまだ、抵抗を示す都市もあります。それはカトリック側だけではなく、ユグノー派も。何せこれまで自分たちが頭領として担いできた王が、事情が事情とはいえ敵方であるカトリックに改宗してしまったのですから、やはり釈然としません。といってアンリ四世、これ以上無駄にカトリックと殺し合いをする気も、またかつての同志ユグノーたちを討つこともできません。ではどうするか？　分裂したフランス人たちを一つにまとめるには…、外敵。外により巨大な敵がいればまとまる。というわけで、未だ国内の戦火も止まない中、スペイン王フェリペ二世に宣戦布告（1595年1月17日）。呉越同舟となる状況を無理矢理に作り出しました。強敵スペイン相手に苦戦を強いられるも、やはりカトリック派、スペイン支持派だった諸侯にも、「とんぼ返り」の効果は絶大。アンリ四世は総督ポストや現金で片を付けることで、各地でフランス王への帰順を着実に勝ち取っていきます。

1598年3月20日、婚姻と賠償金によってブルターニュ公国を配下に治め、ほぼフランス全土を平定することに成功。そしてナント入城を果たしたアンリ四世はそこで歴史的な『ナントの勅令』を発布します（1598年4月13日）。内容はユグノーに信仰・礼拝・公職就任の自由、そして安全が保障される都市を与えるものでした。カトリック側は難色を示しますが、「カトリックとユグノーを区別するのではなく、皆で善きフランス人たれ」と、宗派を超えて「フランス人」としてまとまるように諭します。もちろんこれで、四十年間戦い続けてきた両者間の遺恨がたちまちのうちに消えるようなことはありませんが、ともかくも「フランスはカトリックを信仰しつつも、ユグノーにも信仰の自由を認める。そして宗派の枠を超えてフランス王国の民としてまとまる」ことが、国王の名によって宣言されました。そして実際問題、両派とも戦いにはほとほと疲れていました。5月2日にはスペインのフェリペ二世ともヴェルヴァン条約を締結して和平成立。ここに約四十年に亘ったユグノー戦争は、ようやく終わりを告げました。

戦争は終わりました。しかしアンリ四世の目の前には、どうしようもないほどに荒廃したフランスが残されました。ユグノーであるシュリーを財務総監に任命し、財政の立て直しを託します。農民には減税して生産に励ませる一方で、塩をはじめとした間接税率を上げることで、聖職者や貴族からも税を徴収できるようにします。さらに大貴族たちが世襲し、事実上私物化していた官職に税金をかけるポーレット法を制定。これで「私物化したければ税金を払え」という、賛否両論分かれる手法も使いながら、とにかくあの手この手で財政再建に努めます。一方で、戦争が終わってもう暴れることができない不満を抱えた輩もいます。日本の戦国時代後の浪人たちと一緒です。そんな彼らには、すでにこの時期前後から植民が始まっていた北米大陸に渡らせ、現カナダのケベックを建設（１６０８年）させたり、東インド会社を設立（１６０４年）して現地に行かせて「好き放題やれ」という荒療治もやっています。一方私生活では、最愛の人ガブリエル・デストレを病で失い、メディチ家のマリアと結婚（１６０２年）。以後、マリー・ド・メディシスと呼ばれます。

その後もアンリ四世は大忙しの日々です。内では荒廃したフランス王国の再建。外では国内の反国王勢力と結んだ諸外国との戦い。そしてその合間を縫うようにして、やはり愛人たちとの逢瀬。さらには国王を狙った暗殺事件をくぐり抜けること、実に十七回。そんな公私ともに落ち着きのない、もとい活力溢れる国王の下で、フランスは徐々にではありますが国力を盛り返していきます。土台がヨーロッパでも随一の大国です。潜在力と底力はありますから、条件さえ整えばフランスは常にヨーロッパの中心に居続けます

1610年2月、クレーフェ・ユーリヒ継承戦争に乗り出さんとするアンリ四世は、パリ市内を馬車で移動。渋滞にはまって一時停止した時、アンリ四世が乗った馬車に飛び込む一人の男。そして短刀で王の心臓と肺をぐさりと一刺し。アンリ四世は血まみれになってルーヴル宮に戻され、侍医による懸命の治療が行われましたが、その甲斐なく絶命。アンリ四世、五十六年の生涯を閉じます。暗殺犯はフランソワ・ラヴァイヤックという修道士になり損ねた人で、書くのも自主規制するほどの方法で処刑。ユグノー戦争を終結させてフランスを再建させる途上、カトリックとユグノーの融和という壮大な目標の道半ばで、大王アンリ四世は逝きました。

アンリ四世最大の功績は、やはり「ナントの勅令」でユグノー戦争を終わらせたこと。そのために自身は五回もの改宗を強いられましたが、本人はそれを何とも思っていませんでした。背徳や裏切りの罪悪感に苛まれることなく、行く先々でその人たらしぶりを発揮して、なぜか愛されます。加えるなら愛人も途切れることなく。まさしく図太いフランス人の真骨頂のような王。アンリ四世にとって、信仰よりも大事なのは、戦争を早く終わらせることでした。もしアンリ四世が生真面目に、自分の信仰を捨てることがなかったら？パリ開城は遅れ、戦争はさらに長引き、フランスはスペインの属国になったでしょう。特に最後の五度目の改宗は、フランス国王として責任重大なもの。もちろん葛藤はあったでしょうが、そこは根が融通無碍なアンリ四世。**より大きな目的のために自身のこだわりを**

捨てました。そしてこのアンリ四世の、捨て身の「とんぼ返り」がフランスを亡国の危機から救います。この一点こそ、最後は亡国の瀬戸際に追い込んでしまったナポレオンとの差。アンリ四世がナポレオンより人気があるのも、むべなるかなです。

9　ブルボン朝　栄華を極めたその先に…

跡を継ぐのはアンリ四世とマリー王妃の長男ルイ。ルイ十三世（1610〜43）として即位します。ルイ十三世と摂政マリー母后は、親子でありながら相性は最悪でしたので、二度にわたり「母子戦争」なる争いを繰り広げます。その二度の「母子戦争」を仲裁したのが、マリー母后により引き立てられていた枢機卿リシュリュー。相変わらず落ち着かないフランスですが、ともかくもこれでルイ十三世と母后マリーの親子関係は、ひとまず元の鞘に収まり、ルイ十三世はまず国内を安定させることを優先します。

ルイ十三世は、当初はいけ好かなかったこの枢機卿リシュリューにいつしか目をかけていました。そのために母后マリーのご機嫌を取って、リシュリューの受け売りの母の意見を聞き、その意をますます強くします。そしてある高官が宰相の公金横領の不正を発見し、母妃マリーに相談。母后は「リシュリューを国王顧問会議へ」とアドバイス。高官はそのままルイ十三世に献言。ルイ十三世も表向き渋々、内心では「しめた！」とおそらくほくそ笑んで、ともかくもその献言を承認。こうしてリシュリューは晴れて国王顧問会議入りします（1624年4月29日）。こうなるとリシュリューの実力は群を抜いており、ルイ十三世はこれまでの宰相を解任し、リシュリューの宰相登用を決断。こうして宰相リシュリューが遂に誕生しました（1624年8月13日）。

宰相となったリシュリューは国王のため、フランスのためで、粉骨砕身で働きます。内では相変わらず、キナ臭い動きを見せるユグノー勢力。外では北イタリアからライン沿岸、フランスの東部国境沿いに走る「スペイン街道」、すなわちスペインの脅威に対処。

内外共に混乱した情勢の中で、数少ない明るい話題と言えたのが、ルイ十三世の妹アンリエットとイングランド国王チャールズ一世との結婚。1625年5月、アンリエット王女をイングランドに連れ添う使節が到着。その代表はバッキンガム公爵という、チャールズ一世の寵臣。しかし彼には本来の使節団長としての務めの他に、もう一つの目的、いや下心がありました。それは愛する女性との逢瀬。それだけなら貴族によくある話ですが、そのお相手というのがこともあろうにルイ十三世の妃、アンヌ・ドートリッシュでした。

王太子時代のチャールズに付き添って、お忍びでパリを訪れたバッキンガム公爵は、王宮で出会ったアンヌ王妃に一目惚れ。ルイ十三世との関係が冷え切っていたアンヌ王妃も、まんざらでもない様子。これを反国王の貴族らが後押し。アンリエットをイングランドへと送る途上で、周囲は示し合わせてバッキンガム公とアンヌ王妃を二人きりに。以下は多少の伝聞や憶測も入っています。二人はアンヌ王妃の部屋へ。そこでバッキンガム公爵はアンヌ王妃に抱きつき、ベッドに押し倒し、太腿をさすって、長靴下を脱がせ…たところで王妃が大きな悲鳴。侍女たちが駆け付けた時には、そっぽを向くアンヌ王妃と、ただただ呆然とするバッキンガム公爵。ある者は「王妃の貞操は損なわれた」、ある者は「王妃は抵抗した」と。リシュリューの密偵は、「王妃は最後の一線は越えさせなかったものの、ギリギリまで拒まなかった」と、何とも生々しい状況報告。その後、アミアン滞在中は当然ながら厳重な監視下に。あわや仏・英・西三国間の戦争にもなりかねなかった禁断の恋の話です。もっとも恋の恨みは怖く、この件が数年後にまたぞろぶり返されてきます。

しかし、まだ肝心かなめの問題は片付いていません。ユグノーの反乱。イングランドはユグノー支援の艦隊派遣を決定。その指揮官が、失恋の復讐に燃えるバッキンガム公爵。艦隊を率いてラ・ロシェルに襲来。ルイ十三世とリシュリューも6月にパリを出発。途中で熱病に罹ったルイ十三世は休養し、実質リシュリューが最高指揮官です。必死に兵と資金をかき集めて、二万の軍勢でラ・ロシェルを包囲。市議会との談判は決裂して、ラ・ロシェル包囲戦が始まります（1627年9月10日）。

レ島を巡るイングランド軍との激戦と並行して、リシュリューは長さ千五百メートル、高さ二十メートルの大堤防の建設も進めます。この堤防によって、イングランド艦隊がラ・ロシェル市内へと入港することが困難となり、両者が分断されます。そこをフランス王軍二万の大軍がまずレ島に襲い掛かり、11月レ島の奪還に成功。この時のイングランド海軍にはまだ、後年七つの海を支配したロイヤルネイヴィーの面影は全くありませんでした。

1628年11月14日、人口は二万八千から五千人に激減し、あちらこちらに死体が積まれ、伝染病も蔓延するラ・ロシェル市内に、ルイ十三世とリシュリューが入城。「反乱さえ起こさなければ、信仰の自由は認める」というのが、リシュリューの宗教上の立場です。これによって、本当の意味でユグノーの反乱と戦争が完全に終結。ルイ十三世は功績大のリシュリューに、「公爵にして同輩衆」という最大限の称号を与えました。

しかし、この戦争の趨勢がほぼ決まりかけた1630年11月、得意絶頂のリシュリューに思わぬ背後からの一刺し。その人は…、母后マリー。どうも自分が大抜擢したリシュリューの、予想をはるかに超える大活躍が面白くなかった模様。「私が登用した恩も忘れて、調子に乗っているのではないか?」というひがみ。リシュリューは得意の泣き落としで、必死に許しを乞いますが、事態はルイ十三世の判断を仰ぐ緊急事態に。

さて、母后マリーか、それとも宰相リシュリューか。決断を迫られたルイ十三世は、ひとまずリシュリューを、数日間の謹慎処分に。一方、マリー母后とその手先マリヤック国事尚書は「勝った！」と勝ち鬨を上げて、さっそく組閣準備に取り掛かります。しかしその裏でルイ十三世は同日深夜、リシュリューをヴェルサイユの離宮に呼び出します。そこでルイ十三世は「余の貴兄に対する情愛は終生変わらぬ、安心せよ」と、リシュリューの残留を明言。リシュリューは「あらゆる主人で最も素晴らしいお方」と感謝すれば、「**母は敬うが、余はわが王国により以上の義務を負っている**」とルイ十三世。これぞ名君たる一言！　翌日、マリヤック一味は一網打尽に逮捕。母后マリー・ド・メディシスは、パリ北方のコンピエーニュに追放。史上に「欺かれた者たちの日（journée des Dupes）」と呼ばれます。このルイ十三世の大英断。一般人の感情で言えば、不仲とはいえ母が大事です。それは認めるところ。国王も理解しています。しかし**個人の美徳は必ずしも国家の公益とは一致しません**。今フランスに必要なのは、間違いなく母后マリーの嫉妬よりも、リシュリューの剛腕です。親孝行は立派な美徳ですが、ここでルイ十三世がそれをやっていたら、間違いなく王国の行く末を危うくしていました。当初はリシュリューに不信感を抱いていましたが、ここまでの活躍によりその不可欠さを十分すぎるほど、ルイ十三世は理解していました。この母后と宰相の二者択一で、**私情に流されずに**リシュリューを選んだ。そして存分に腕を振るわせた。この一事でもって、ルイ十三世は名君と呼ぶに値します。母后マリーはその後さらにネーデルラントに逃れて、以後生涯フランスに戻ることはならず、最後はドイツのケルンで死去します（１６４２年）。

国内のユグノー反乱、母后マリーと王弟ガストンの反乱騒ぎが大よそ片づいた今、ルイ十三世とリシュリューに残された最大の難問は、対ハプスブルク家・対スペイン戦です。リシュリューはいよいよこの戦いに本腰を入れていきます。といっても前世紀このかた内乱に明け暮れたフランスには、まだ外国と、しかも大国スペインとの本格的な戦争を始める力は調っていません。まずは１６３１年1月23日、スウェーデンとベールヴァルデ条約を結び、六年間の資金援助を決めます。すでにスウェーデン軍は国王グスタフ二世アドルフの下、ドイツに上陸し、後に「三十年戦争」と呼ばれるドイツの宗教戦争に本格参戦。各地で皇帝軍と戦っています。

同4月28日、スウェーデンとコンピエーニュ条約で同盟成立。同月の国務会議でスペインに宣戦布告して、三十年戦争に本格参戦します。同盟相手はいずれも、プロテスタント国のオランダにスウェーデン。しかしそんなことは、「国家理性」を奉ずるリシュリューには関係ありません。もう何度も出てきますが、大事なのは**信仰よりも国益**。フランスにとってのより強大な敵は、プロテスタントよりもハプスブルク家、特にスペイン。それを倒してフランス王国と王権に盛大さをもたらすためなら、信仰の違いなど意に介さない。それがリシュリューです。

1635年5月8日、フランスがスペイン支配のルクセンブルクに進攻することで、事実上開戦となります。フランスは三十年戦争に本格参戦。緒戦こそフランスは勝利しましたが、ここから当時の欧州最強の陸軍を誇るスペイン軍の逆襲が始まります。一気にパリまであと三十二キロという絶望的な危機。これにパリ市民は恐慌状態に陥り、南へ避難しようとする市民たちで大わらわとなります。

しかしこの危機にルイ十三世、故アンリ四世の血のなせる業か、毅然とした態度でパリ市民に支援を懇願。「国王を救うために、傭兵を雇うことに貢献してほしい」「武器を持てる者は全て、軍隊に志願せよ」。この国王の姿に奮起した市民たちは、「陛下を守れ！」「国王万歳！」と、これまでの恐慌状態がウソのような、真逆の興奮状態に。兵への志願、塹壕の建設などに乗り出し、徹底抗戦の構えを示し始めます。相次ぐ敗報に心身を打ちのめされ、また市民からの非難も受けて宮殿の奥に引きこもりがちだったリシュリューにも、「**自分の不人気に面と向かえ！**」と発破をかけて立ち直らせます。ここ一番の土壇場で不思議な底力を発揮するフランス王の伝統は、ルイ十三世にも脈々と受け継がれていました。

こんな中でもリシュリューは1635年、文筆家たちの会合を「アカデミー・フランセーズ」という国家機関に昇格させて、フランス語を「規範ある国語」として確立していくことを目指します。フランスでは大まかに分けて北部のオイル語、南部のオック語というロマンス語から枝分かれした言葉が広まり、さらには地方ごとに方言が話されていました。そのため北と南では言葉が通じないこともあり、国王の勅令が王国の隅々まで行き渡らないことも起こり得て、王権の強化にとっては由々しき問題です。そこでアカデミー・フランセーズが、フランス語に明確な規範を作る役割を担います。以後、フランス語は各国の宮廷・社交サロンの共通語としての地位を得て、貴族の必須教養に。外交の国際会議でも、英語に取って代わられるまでは、フランス語が公用語。現在でも国連の公用語などの枢要な地位に潜り込むことに成功しています。

スペインとの戦いは、相手の内なる敵・ポルトガルとカタルーニャに接触。ポルトガルは六十年ぶりに独立を果たし（1640年）、カタルーニャの港湾を使用して、スペインに攻撃。翌41年6月、ポルトガルと攻守同盟条約。リシュリューしてやったりの、スペイン包囲網の完成です。

フランスが戦況を盛り返すも、なおスペインとの戦争は続きます。しかし、ここまで来たところで、宰相リシュリューの寿命が尽きます。同年（1642）8月には母后マリー・ド・メディシスが亡命先のドイツ・ケルンで死去し、散々手こずらせてきた王弟ガストンも完全屈服。もはやルイ十三世を脅かす存在も消え、スペインとの戦争はまだ片が付いていないのが心残りではありますが、王権強化と王国の強大に生涯を捧げた宰相リシュリューは1642年12月4日、五十七歳で死去します。司祭の「汝の敵を許すか？」の問いに、**「私には国家の敵より他に敵はなかった」**と遺しました。そしてリシュリューが遺したのはもう一つ、いやもう一人。自身の後釜に、マントヴァ戦争の際に教皇特使を務めていたイタリア人の枢機卿、ジュリオ・マッツァリーニを首席大臣として自身の後を継がせるよう、ルイ十三世に託します。彼は1639年にフランスに帰化しており、以後はフランス風にジュール・マザランと記します。

リシュリューの死から半年、1643年5月、ルイ十三世もまたこの世を去ります。四十一歳でした。して跡継ぎは？　アンヌ王妃とは不仲だったので子宝は…、と心配されましたが。バッキンガム公やスペインとの密通事件を厳重注意処分だけで赦免された王妃。以後、少しは殊勝になります。そして1637年12月5日、ヴェルサイユからの移動途中で大雨に見舞われたルイ十三世は、急ぎルーヴル宮に駆け付けて雨宿り。そこに偶然か？アンヌ王妃もいました。そして久しぶり、というかほぼ初めての（？）夫婦水入らずの一夜を過ごし…。そして1638年9月5日、アンヌ王妃が待望の男子を出産。ルイと名付けられます。年齢的にも厳しいかと思われていた矢先の、突然の僥倖に国王は「ルイ・

ル・デュー・ドネ（神が与えたもうたルイ）」と呼んで大喜び。ところでこの王子の誕生、ご懐妊から出産までが少しばかり短いのでは？　とか、それまで二十二年間没交渉だったのにたった一晩のことで…とか、そこから「実の父親は他にいるのではないか？」など、口さがない話が出ましたが、いずれも風聞の域を出ません。そしてこの1638年9月5日に誕生の王太子ルイ、ルイ十三世とアンヌ王妃の子として王位を継承します。ルイ十四世（1643〜1715）、「太陽王」と呼ばれた、世界史上の君主の中で最も長い在位期間を誇ることになる、そしてルイ十三世とリシュリューが目指した絶対王政を確立させることになる国王の誕生です。

ルイ十四世は四歳八か月で即位します。幼年王なので当然ながら摂政が付きます。その任に当たるのがアンヌ母后。そして故リシュリューが後継者として据えたマザランが、「宰相にして摂政顧問会議の議長」に。アンヌ母后は、前任の宰相リシュリューとは事あるごとに対立し、毛嫌いしておりましたので、そのリシュリューが任命した後継者マザランとも対立するのでは？　と思われましたが、案に相違してこの頃から（あるいはもっと以前から？）愛人関係となっていました。一説には、リシュリューがマザランを後継者に据えた理由の一つとして、「バッキンガム公爵と似ていたから」、つまりアンヌ母后のお好みのタイプだったから、という穿った見方もあります。もちろん容姿だけではなく、マザランの資質を見込んでの大抜擢です。この後のマザランは、リシュリューの目に狂いがなかったことを実力で証明していくわけですが、こんなことが取り沙汰されるのもフランスらしいところであります。

そんな二人の関係から、「ルイ十四世の本当の父親はマザランではないか？」という、これまた珍妙な説がまかり出て、それをネタにした小説作品も出版されています。振り返ると、ルイ十四世の誕生が1638年9月5日。さらにさかのぼって1637年12月5日に、故ルイ十三世とアンヌ妃がルーヴル宮で一晩を共に。それまでほぼ没交渉だった夫婦が「たった一晩で」ご懐妊とは、あまりにも出来過ぎ。その前からマザランと関係があったのでは？　という憶測が飛び交ったのですが、1637年前後にはマザランはまだイタリアにいたことがはっきりしているので、まあこれは単なる憶測の域を出ないでしょう。ルイ十四世は故ルイ十三世とアンヌ・ドートリッシュ妃との間に生まれた子。ちなみに二人の間にはこの後（1640年9月21日）、後のアンジュー公フィリップも生まれています。

ルイ十三世とリシュリューは死去しましたが、二人がやり残した対スペイン戦争はまだ続いています。ドイツでの三十年戦争は、1644年12月から、ヴェストファーレンで講和会議が始まりました。長らく続いたドイツでの宗教戦争も帰趨が見えてきましたが、なおまだ宿敵スペインを完全に倒すには至りません。スペインとの戦争はなおも続きます。

ルイ十四世の長い治世は、「フロンドの乱」で始まります。この乱は、高等法院・貴族の二局面に分かれますが、この乱の鎮圧を通じて、これまで王権を散々手こずらせてきた勢力が一掃されます。「フロンド」とは子供の遊び道具、パチンコのことです。パチンコ遊びをする子供ら（フロンドゥール）のように、決起した民衆が追い払ってもまた戻ってくる、ということから命名されました。この乱の最中、ルイ十四世は二度にわたって、暴徒化した民衆がその寝室になだれ込んでくるという恐怖を体験し、終生にわたるトラウマとなります。そしてこの恐怖体験が、パリを離れてヴェルサイユ宮殿を建築することに繋がります。最終的に乱の鎮圧に貢献した宰相マザランのパリ帰還を、ルイ十四世はお得意のバレエ公演で歓迎します。そこで王が演じたのは太陽神アポロン。「太陽王」の異名はこれから付けられた、とされています。

フロンドの乱がひと段落した1654年6月7日、ルイ十四世はランスでの戴冠式を経て、正式にフランス国王となります。宰相マザランの権力基盤も、今や盤石のものとなります。マザランはルイ十四世を毎日自分の執務室に呼んで日々の政務の様子を見させ、大臣や高官たちとの会議にも同席させて、時には国王自身も参加させるなど、実地の帝王学教育を施して、ルイ十四世を鍛え上げていきます。ルイ十四世は自分が好きなバレエに打ち込んでいる間にも、これだけの多くの人が国政に携わっていることに感じ取るものがあったようです。少なくともルイ十四世は、政務そっちのけでバレエや遊興、贅沢三昧に耽るような国王ではありませんでした。それどころか、国王が出しゃばり過ぎと言えるぐらいに、政務に打ち込んだ国王です。

マザランの帝王学教育は執務室だけではなく、戦場でも行われます。三十年戦争もフロンドの乱も終わりましたが、対スペイン戦争はまだ続いています。主戦場は北東部国境、スペイン領ネーデルラント、現在のベルギー・ルクセンブルク付近です。フランス軍には名将と呼ばれるテュレンヌ将軍、一方スペイン軍を指揮するのが、フロンドの乱で追放されたコンデ大公です。まだ野心を捨てていないコンデ大公は、敵国スペインに亡命してフランスに抵抗します。いやフランスにというより、ルイ十四世・マザラン・アンヌ母后のトリオにか。フランス貴族のコンデ大公がスペインに寝返り、イタリア人（マザラン）とスペイン人（アンヌ母后）がフランスを守るという奇妙な構図です。マザランはイングランドとパリ条約を結んで（1657年3月）、対スペイン共同戦線を形成します。この時のイングランドには、この国の歴史上において例外的に国王がいません。率いるのは護国卿オリバー・クロムウェル。清教徒革命で国王を斬首した人と同盟を結びます。こういう芸当ができるのが、マザランが大政治家たる所以です。対カール五世のために異教徒イスラムのオスマン・トルコ帝国と結んだフランソワ一世。三十年戦争でやはり対ハプスブルク家のためにプロテスタント国のスウェーデンと結んだリシュリュー。そして今度のマザラン。主義主張よりも国益を第一とする国家理性は、（イタリア人の）マザランにもしっかりと受け継がれています。

ルイ十四世はそのスペインとの宣戦視察中に体調を崩し、一時は命が危ぶまれて医者もさじを投げたほどの危篤状態に陥りますが、奇跡的に回復します。その闘病をそばにいて懸命に看病してくれたマザランの姪、マリー・マンシーニに初恋。そんなルイ十四世の初恋でしたが、終わりが訪れるのもあっという間でした。マザランはスペインとの和平のために、スペイン王女マリア・テレサとの縁談を決めます。しかしルイ十四世は自身の姪マリーに思いのほかぞっこんで、「マリーと結婚する」と涙を流しながら猛烈に主張します。これにマザランは、「**王の結婚は感情ではなく、国家の利益のためでなければなりません。**今、私の姪がしていることは国家への反逆。ならば私は姪を打ち据えなければなりません」と、心を鬼にして言い放ちました。さしものルイ十四世も、観念せざるを得ませんでした。

1659年11月7日、両国間にピレネー条約成立。両国の国境はピレネー山脈に画定。そしてルイ十四世とマリア・テレサの結婚。そしてこの敗戦がスペインの覇権の終わりを決定づけます。入れ替わりにフランスが、ヨーロッパ大陸の覇権国として名乗りを上げます。ちょうど百年前のカトー・カンブレシ条約で失った威信を取り戻すとともに、スペインに代わってヨーロッパの覇権国となりました。百年かかりましたが、**最後には図太く勝ち組に残るフランスの真価発揮です。**

1660年6月9日、ピレネー山麓サン・ジャン・ド・リューズ市内の教会で、ルイ十四世とスペイン王女マリア・テレサは結婚します。以後はフランス王妃マリー・テレーズとなります。挙式を挙げた国王夫妻は、約二か月半をかけてフランス各地を巡幸。8月26日、パリに入城し、市民の歓呼と花火で迎えられます。

国王夫妻の行幸と歩調を合わせるようにして、宰相マザランの体調は悪化していきます。思えばフランスに帰化して以降、この宰相は三十年戦争、フロンドの乱、対スペイン戦争と激務の連続でした。その激務の日々も、ピレネー条約締結と対スペイン勝利で報われ、肩の荷が一気に下りたのでしょうか。急激にやせ衰えて、複数の病気を併発。年が明けた1661年3月9日、枢機卿宰相マザランは息を引き取ります。以後、宰相職は置かれず、絶対王政の型とされる、ルイ十四世の親政が始まります。

ルイ十四世の親政、全てを王が決裁するといっても、何だかんだと巨大化したフランス王国の全てを国王一人で見る、などということは不可能です。リシュリューやマザランのような宰相は置かないにしても、政治を進めていく上で「事実上の宰相」となるような人は出てきます。当初は財務総監のニコラ・フーケが頭角を現して、王国財政の立て直しに手腕を発揮。しかし公金横領や職権乱用を政敵コルベールに突かれ、私腹も肥やしての豪勢な生活を、ルイ十四世からは「どちらが国王か分からないな」と嫌み。そのわきの甘さを二人の「男の嫉妬」に突かれて失脚。以後、コルベールは財務顧問会議の議長、さらに1665年新設の財務総検ポストに就任し、フランスの財政を一手に引き受けることになります。

この後のルイ十四世の絶対王政は財務総検コルベールと、陸軍卿であるルーヴォワ侯爵ル・テリエ、二人のバランスを巧みに取りながら進められていきます。コルベールは世界史の教科書にも出てくる「重商主義」政策で、フランスの富を増やしていきます。簡単に言えば保護関税によって外国商品を閉め出し、一方で国内産業を育成して輸出振興を図る政策です。こうして財政はコルベール、軍隊はル・テリエによって改革が進められ、ルイ十四世のフランスは強大さを増していきます。その強大さをルイ十四世はどこに振り向けたか？　目指すは国王の栄光＝フランスの栄光。答えは王権の象徴たる豪華宮殿の建築、そして戦争です。

フランスで豪華宮殿といってすぐに思い浮かぶのが、ヴェルサイユ宮殿でしょう。ヴェルサイユの地はパリから西へ約二十キロにあり、ヴェルサイユ村と呼ばれていました。街道の交差点だったこともあって宿屋が数軒あり、狩りで帰りが遅くなった国王がこの辺りに宿泊することもしばしばありました。そしてルイ十三世が領主権を譲渡させて、狩り小屋とそれに見合う庭園を造り、さらに増築されてルイ十四世が相続。ルイ十四世は少年時のフロンドの乱がトラウマになっていたこともあって、パリの人里を離れたこの閑静なヴェルサイユを気に入り、1661年頃から建築家や造園家を動員して、ヴェルサイユの改・増築を始めさせます。当初は自分のバレエ公演や馬術・演劇・祝祭などの限定された用途で考えられていました。1670年に増築完成。1677年ヴェルサイユ定住化計画を発表。1678年第二期工事の開始。1682年国王がヴェルサイユに転居。こうしてほんの三、四十年前は森と小さな館だけだったヴェルサイユに、世界でも屈指の豪華絢爛たる宮殿が建ち、王家の新たな生活が始まりました。

さかのぼれば少年時代、フロンドの乱で味わった恐怖体験が因となって、今こうしてパリを離れて、ヴェルサイユに宮殿を構えたルイ十四世。このヴェルサイユ宮殿はまさしく、別名「ルイ十四世劇場」とも呼べるものでした。ここで繰り広げられたのは、王のバレエ公演だけではなく、ルイ十四世を頂点とした儀式化された日々です。ある典型的な一日をご紹介しましょう。午前七時、近侍が「控えの間」で起床、身支度。午前八時、国王起床。「小起床の儀」。王族と特別な寵遇を受ける者のみ。聖霊の聖務日課が行われた後、国王付きかつら師が鬘をかぶせる。八時半、国王は寝台から出て部屋着・スリッパを着用し、暖炉脇の肘掛椅子に。侍従頭が寝帽を取り、国王付き理容師が髪を梳く。その後、「大起床の儀」。特別に許可された百人前後の貴族たちが列をなしながら、国王の面前を通過。その間国王は身支度しながら謁見。侍従頭が一人一人の名を国王の耳元で囁く。午前九時、朝食。その後、部屋着や寝間着を脱ぎ、近侍が下着を。それを王太子または王族が受け取り、国王に渡す。脱いだ部屋着で用便椅子、いわゆるおまるを隠して国王が用足し。今度は「国王が用を足している間だけ」、お目通りを許される貴族たちを謁見。それが終わるとまた身支度を調えて、祈りを捧げる。こういう儀式が就寝時まで続けられます。しかも誰が国王に下着を渡すか、ハンカチを渡すか、ネクタイを渡すか、そんな細部まで事細かに決められ、それを乱すことは宮廷の秩序を乱すことになりました。たかが儀式、と思われるなかれ。ここに参賀するかしないか、役割があるかどうかが、その後の栄達に大きく影響したのです。いつも見かける顔がいないと、「朕はその者を知らない」、たまにしか参賀しない者は「会ったこともない」と、簡単に失脚させられました。江戸時代の参勤交代を、ぐっと凝縮したものと言えましょうか。中央集権化が進んで、もはや自前の武力を持つことが許されなくなった貴族たちは、こうした宮仕えで国王のお気に入りとなることが、お家の安泰に繋がりました。ルイ十四世のいわゆる「絶対王政」で最も成功したといえるのは、このヴェルサイユ宮殿がその後のフランスという国のイメージ、ブランド力アップに大きく寄与したことと、この一連の宮廷儀式の絶対化で、これまでとにかく王権に歯向かってきた貴族たちを骨抜きにしたことだけかもしれません。

少し話を先取りしますと、ルイ十四世は死を前にして、枕頭の王太子に向けて「戦争に関しては朕を真似ることなかれ」と遺言しています。ルイ十四世の治世の後半は、戦争に次ぐ戦争でした。誤解を恐れずに言えば、歴史のある時期までは、戦争とは君主たちにとって「ゲーム」のようなもので、他国の王との間に生じた問題は戦争で解決するのが当たり前でした。決して戦争を賛美するつもりはありませんが、一方で人類の長い歴史において、このことは厳然たる事実です。フランスに限ってみても、ここまでの歴代フランス王でその治世中に戦争をしなかった国王はほぼ皆無です。戦争をやりまくった国王は、何もルイ十四世だけではありません。しかしルイ十四世の場合、自身でも「朕を真似てはならない」と遺言した通り、その多くの戦争は「下手の横好き」、あえて言えばやる必要のない戦争もありました。人生の最期において自覚しただけでもやはり聡明ではあったのか。いやそれとも、気がつくのが遅すぎたか。もう少し早く気がついていれば、「偉大なる世紀」という評価も、より真実味を帯びたものになったかもしれません。

1665年、隣国のスペイン王フェリペ四世が死去し、カルロス二世が即位します。これだけなら何の問題もない、外国の王位継承です。王妃マリー・テレーズはルイ十四世との結婚の際に五十万リーヴルの持参金と引き換えに、スペイン王位継承権を放棄しています。しかしこの持参金は、スペイン王室の財政逼迫のために支払われていません。この条約不履行に、「金を払えないなら王位を寄越せ」と始められたのが、「遺産帰属戦争」またの名が「フランドル戦争」（1667年）です。スペインはもはや落日著しく、かつてのようなライバルではありません。名将テュレンヌの指揮の下、フランス軍は連戦連勝。しかし、フランスの強大化を警戒するオランダ・イングランド・スウェーデンのハーグ同盟による停戦圧力により、やむなくエクス・ラ・シャペル条約（68年5月）で休戦。フランドル諸都市は得たものの、フランシュ＝コンテは返還。因みにオランダは、ヴェストファーレン条約（1648年）により、スペインからの独立を認められています。

このルイ十四世の怒りの矛先は、スペインからオランダへと向かいます。英王チャールズ二世とドーバー密約（1670年）。オランダ包囲網を形成し、そして第三次英蘭戦争（1672年）に乗じてオランダに宣戦布告し、「オランダ戦争」（1672年）が開戦します。ここでもフランス王軍は圧倒的に攻めますが、オランダは堤防を決壊させ、自ら大洪水を起こして抵抗。オランダのこの「肉を斬らせて骨を断つ」、乾坤一擲・捨て身の戦法が功を奏し、形勢は逆転。外交情勢も一気に反仏に転じます。1674年2月、英蘭両国はウェストミンスター条約で休戦。のみならず77年、英王女メアリと蘭オラニエ公ウィレムが結婚し、両国は同盟関係に。フランス軍は戦闘では強かったのですが外交で孤立し、ナイメーヘン条約（1678年）で休戦。申し訳程度の領土しか取れず、しかもコルベールが設けた高関税を撤廃させられ、重商主義政策は事実上破綻します。

ルイ十四世の周辺ではこの頃、コルベール失脚によりルーヴォワ陸軍卿が実権掌握。また王妃マリー・テレーズが死去（1683年）し、王太子妃の第二女官長でもあったマントノン侯爵夫人が、実質的な王妃としてルイ十四世の寵愛を得るようになります。重商主義政策から領土拡張政策への転換は、明らかにルーヴォワ陸軍卿の意向を反映。そしてマントノン夫人とは王妃の死から間もない1683年10月に極秘結婚。この敬虔なカトリック信徒にして聡明なマントノン夫人の影響も受けたルイ十四世が、フランス史上に残る愚策に手を染めてしまいます。それは「フォンテーヌブロー勅令」（1685年10月）。裏を返せば「ナントの勅令」（1598年）の廃止です。ユグノー教会の解体、礼拝と教育の禁止、改宗を拒否した牧師は国外追放。祖父アンリ四世が宗教の融和を図るために苦心を重ねた末に、己の生涯を賭けた乾坤一擲の思いで発布したナントの勅令はこれによって廃止され、フランス国内のユグノーはカトリックに改宗して国内にとどまるか、逮捕そして最悪の場合は死刑覚悟で国外亡命を図るか、の二者択一を迫られます。そして多くのユグノーたちは後者、すなわち亡命を選びました。一説ではこの時、約二十万人のユグノーがフランスから諸外国に亡命したとされます。この頃で約二千万人とされるフランスの人口からすれば、さほど大きな影響はないように思われますが、ユグノーには都市の商工業者が多く、その彼らの行く先はフランドル、オランダ、スイス、イングランド、ブランデンブルク選帝国（後のプロイセン王国）などでした。亡命ユグノーたちは各々の亡命先でも実力を発揮し、スイスの時計産業・金融業、ベルギーの貴金属業、プロイセンやイングランドの製鉄業は、彼ら亡命ユグノーたちのおかげで大いに発展していきます。一説にはイングランド銀行開設（1694年）の出資金にも、亡命ユグノーたちの資金が入り込んでいるともいわれます。十六世紀にスペインが行った魔女狩りによる新教徒やユダヤ人の追放と並んで、このルイ十四世のナント勅令廃止によるユグノーの大量亡命で、フランスの経済と産業の発展は「イギリスに百年の後れを取った」とも言われます。まさに歴史の教訓で、たとえ**意に沿わない者に対しても寛容であることが発展につながる。**その後のフランスの、特に対英関係での歴史を眺めると、このルイ十四世によるナント勅令の廃止、誇張ではなく史上最大級の愚策です。

ルイ十四世のフランスは、諸国の羨望の眼差しを集めたことも否定できませんが、それ以上に警戒心を呼び起こしています。その警戒心は対仏同盟となって現れます。1686年以降、ローマ教皇・神聖ローマ皇帝・スペイン・ドイツ諸侯・サヴォワ公国というカトリック国のみならず、やがてスウェーデン、ブランデンブルク選帝侯国、オランダというプロテスタント国までが手に手を合わせて、「アウグスブルク大同盟」が結ばれます（1688年）。この同盟結成のきっかけとなったのも、ルイ十四世の「敵を作る類まれなる才能」です。1685年、プファルツ選帝侯カール二世が跡継ぎなしで死去を受け、ルイ十四世は、弟オルレアン公フィリップ妃の縁故から、継承権を主張します。「そこまで欲しがるか」というルイ十四世を、諸国は当然ながら警戒しての大同盟結成です。

そして1688年、今度はケルン選帝侯の継承問題で、ルイ十四世とローマ教皇インノケンティウス十一世の推す候補が違ったことにより、「こうなったらもう実力で白黒つけるしかないだろう」となって始まったのが、プファルツ継承戦争またの名を「アウグスブルク大同盟戦争」（1688～97年）です。ルイ十四世は戦闘の指揮を、重臣のルーヴォワ陸軍卿に任せます。しかしルーヴォワ卿はファルツ占領に当たって「ファルツを焦土にせよ」と無茶な命令を出し、首都ハイデルベルクやマンハイムなどのライン沿岸都市で、徹底した破壊と掠奪をやってしまったため、激怒した他の諸侯が続々と大同盟に参加するという悪手につながります。さらにライン沿岸だけではなく、ドイツ全体で反仏感情を燃え上がらせることにもなります。

しかしルイ十四世にとってより痛恨だったのは、ドイツよりもイングランドでしょう。この時の英国王はジェームズ二世。カトリックで親仏、ルイ十四世とも親交があります。一方、議会はプロテスタント多数で、国内は「親仏か？　大同盟か？」で国論が二分されていました。しかしながらジェームズ二世の一連のカトリック強硬策が、ついには議会で対立するホイッグとトーリーの一時的な融和を促してしまいます。そして英議会は、ジェームズ二世に代わる国王を呼び寄せることにします。どこから？　それはオランダです。そこは先述した通り、ジェームズ二世の長女メアリの嫁ぎ先でした。そして嫁いだ相手はオラニエ公ウィレム三世。ここまで散々ルイ十四世とやり合ってきたオランダ総督です。メアリとウィレムの二人は英議会からの招聘を受けて、イングランドへの渡海を決断。1688年12月にロンドンに入城。入れ替わるようにジェームズ二世はフランスへ亡命。翌1689年2月、「権利宣言」に署名した二人は、メアリ二世・ウィリアム三世として共同即位。イギリス人が「無血で行われた」と自慢する「名誉革命」が完成しました。しかしフランスにとっては一大事です。これでイングランドも大同盟に加わり、名実共にヨーロッパの全てが敵となります。さらに戦場はヨーロッパだけではなく、北米とインドでの英蘭西との植民地争いも絡まって、世界規模の戦争を戦う羽目に陥りました。このアウグスブルク大同盟戦争以降、後年のナポレオン戦争まで、仏英両国はこの間の全ての戦争において敵対陣営で戦います。そのためこの一連の仏英の戦争を「第二次百年戦争」とも呼んでいます。

ルイ十四世は、亡命してきたジェームズ二世を再度、英王位に就けようと軍を与えてアイルランドに上陸させますが、そこでウィリアム三世の軍に敗退。一方で海軍は英蘭連合艦隊を撃破（1690年）という功績も挙げますが、最終的にはドーバー海峡の制海権を奪われてしまいます。陸では現ベルギー領のナミュール要塞を取ったり取られたり。一時期はフランス軍が陸戦で勝利を重ね、一時はバルセロナを占領（1697年）。しかし北米やインドの戦いは英蘭側の優位のうちに進み、いつの間にか戦争も長期化。そうした中、サヴォワ公国が大同盟を抜けてフランスと単独講和（１６９６年）を結んだことから、双方で徐々に和平機運に。そしてオランダのライスワイクで結ばれた条約（１６９７年）で、この大同盟戦争は終結します。フランスはほとんどの占領地の返還、スペイン領ネーデルラントへのオランダ軍駐留、ウィリアム三世を英国王として承認など、ルイ十四世にとってはかなり屈辱的な内容です。しかし新しい直接税を導入せざるを得ないほどに財政逼迫したフランスに、これ以上戦い続ける軍資金はありません。泣く泣く和平を結びました。

十七世紀後半のヨーロッパでは、弱体化が目立ってきた国が二つあります。東のオスマン帝国、西のスペイン王国です。「トルコがヨーロッパか？」は今でも意見が分かれますが、ヨーロッパ国際政治史上の重要なプレイヤーであることに間違いはありません。そのオスマン帝国は、第二次ウィーン包囲（１６８３年）を全欧連合軍に撃退された後、ずるずると追い込まれまれ、カルロヴィッツ条約（１６９９年）で、バルカン半島の領土の大半を失います。依然として大国ではありますが、ヨーロッパでの影響力を失っていき、やがては「ヨーロッパの病人」と揶揄されるまでに凋落していきます。

一方、西のスペイン王国では既述した通り、１６６５年にカルロス二世が即位します。しかしハプスブルク家が繰り返してきた近親婚の影響で生来病弱。三十歳を過ぎてもまともに話すことすらできなかった、とされています。当然ながら跡継ぎを残すことも難しく、カルロス二世の在位中から「スペイン・ハプスブルク家の断絶」は確実視されていました。しかもこのスペインにはイベリア半島の本国だけではなく、イタリア半島のナポリ王国他、ネーデルラント、そしてメキシコ以南の中南米大陸の大半という、広大な所領がくっついています。当然のように諸国は、鵜の目鷹の目でこの所領の行方に注目します。ついこの前まで角突き合わせていたルイ十四世とウィリアム三世が、まだ生きているカルロス二世そっちのけでスペイン分割案を協議し始めます。さらにこれに神聖ローマ皇帝レオポルト一世も、妃がカルロス二世の妹マルガレータであることから、密かに王位継承を狙ってこの話に加わります。恐るべし諸国の貪欲さですが、こうした動きがどこからか漏れてカルロス二世の耳に入り、今や死を待つのみとされるカルロス二世も、さすがに貧者の一灯で激怒。せめてスペインを勝手に分割させないことが、己に課された最後の使命と意地を見せ、遺言書を作成。その内容は①スペインの領土の不分割、そして②フランス王位継承権を放棄することを条件に、ルイ十四世の孫アンジュー公フィリップをスペイン王位継承者とする、というものです。この遺言書を作成して間もなく、カルロス二世は死去（1700年）。カルロス一世（＝皇帝カール五世）以来続いたスペイン・ハプスブルク朝はここに断絶しました。

故カルロス二世の遺言に従って、アンジュー公フィリップがスペイン王フェリペ五世として即位します。太陽王と亡き妃マリーの孫。祖母を通じて継承権あり。しかし事実上の黒幕とみられるのは、どうしたってルイ十四世です。そのルイ十四世の言動に諸国は戦慄します。「フェリペ五世（＝フィリップ）には将来的に仏王位継承権はある」と。聞き捨てならないこの太陽王の発言に、諸国はまたしても対仏同盟で団結を示します。英・蘭・神聖ローマ皇帝で「ハーグ同盟」が結ばれ（１７０１年）、こちらはやはり皇帝レオポルト一世の末子オーストリア大公カールを、「スペイン王カルロス三世」として擁立します。こうして二人のスペイン王が並び立つ中、決着はやはりいつも通りに戦争しかありません。「スペイン継承戦争」（１７０１〜１３年）がこうして始まりました。

この当時のヨーロッパを見渡すと、陸軍力では第一位がフランス、二位は痩せても枯れてもスペインです。この両国が同じ王を戴いて同君連合、つまりは同じ国になるということは、諸国にとっては脅威以外の何ものでもありません。経済界に例えるならば、金融でも通信でも流通でも、業界一位と二位の会社が合併して同じ会社になること。実際にはこんなことは、独占禁止法で認められませんが、それと同じことです。ルイ十四世が強行しようとする独禁法違反行為に、諸国が「勢力均衡」を盾にとって反対の意思表示をして始まったのが、スペイン継承戦争です。

対決の構図は「事実上の」同君連合フランス・スペイン対「ハーグ同盟」を組むイング

ランド・オランダ・神聖ローマ帝国。仏西側にはこれにバイエルン選帝侯国が、ハーグ同盟側にはポルトガル・サヴォワ公国・ハノーファー公国・ブランデンブルク選帝侯国。このブランデンブルクは、「カルロス三世支持」を条件に、帝国外にある領地プロイセンで、「プロイセン王」を名乗ることが認められました。一方でスペインは国内で激しい対立を抱えており、カスティーリャ・ナバラ・バスクのみが同君連合側。カタルーニャ・アラゴン・バレンシアはハーグ同盟側で参戦という複雑さです。さらに戦場もネーデルラント、ドイツ西南部、北イタリア、スペインそして北米大陸にまで及ぶ、まさしく世界大戦といえる規模です。加えてヨーロッパでは同時期、東方で全く別の「大北方戦争」（１７００〜２１年）という戦争も戦われています。こちらはバルト海でのスウェーデンの覇権に対してロシア中心の北方同盟が戦った戦争で、これを機にスウェーデンが没落してロシアが台頭してくるのですが、さすがのルイ十四世もこちらにまで首を突っ込むことはしませんでしたから触れません。ともかく１７００年からの二十年間、ヨーロッパ大陸は文字通り戦乱の巷でした。

さてスペイン継承戦争。戦いはまずフランス軍がネーデルラント、さらにバイエルンと組んで西南ドイツを進攻。ウィーンに迫りますが、ハーグ同盟側がここで食い止めます。同盟側で名高い活躍をした将軍は二人。一人目は英のマールバラ公ジョン・チャーチル。後の第二次大戦時の宰相ウィンストン・チャーチルのご先祖様です。そしてもう一人がプリンツ・オイゲン。ルイ十四世の初恋相手オランプ・マンシーニとソワソン伯との間に生まれます。「実の父は太陽王では？」とも噂されますが、単なる噂で終わりました。次男のため家督は継げず、軍人の道を志望するも、フランス軍では用いられず。ルイ十四世が「背が小さいから」という理由で反対し、聖職に就くことを奨めるも、オイゲンはならばとオーストリアに志願。この当時はまだ「国に仕える」よりも「王に仕える」という意識も強く残っていましたから、ごく普通のことです。そしてここからオイゲンの無敵の進軍が始まります。大トルコ戦争、大同盟戦争で次々と戦果。どの資料を読んでも、とにかくこのオイゲン、勝ちまくります。負けません。史上最強の名将とはこの男では？　というぐらいに。そして此度のスペイン継承戦争でも、マールバラ公と組んで大活躍してフランス軍を苦しめます。ルイ十四世にとって、逃した魚は大きすぎました。かつて「眼鏡をかけている」というだけで、ドラフト指名を拒否されながらも、その後に大成したプロ野球選手もいましたが、**意味のない先入観は禁物**。この両雄がブレンハイムの戦い（1704年）でフランス・バイエルン軍を撃破します。

同じ1704年、イングランド海軍は地中海に面するスペイン領のジブラルタル要塞を奪取。これが地中海のみならず大西洋、さらに世界の海での英海軍の制海権を決定づけます。そしてここジブラルタルは現在に至るまでイギリス領。再三にわたるスペインの返還要請にも、イギリスは応じませんし、応じる訳がありません。

ここで「イギリス」と書きましたが、この戦争中の1707年、「合同法」が成立してイングランドとスコットランドが合併し、「グレートブリテン連合王国」に。これ以降が「イギリス」と呼べる状態になりますので、以後は「イギリス」と記していきます。

スペイン戦線では皇帝レオポルト一世の次男カール大公が、「勝てば自分がスペイン王」ということもあって大張り切りの大活躍。バルセロナを攻略し、マドリードを陥落させ、フェリペ五世を追放。ほんの一時だけ「カルロス三世」として擁立されます。その父レオポルト一世は1705年に死去し、皇帝位は兄ヨーゼフ一世が継承するも、跡継ぎなしに急死してしまいます（1711年）。これによりカール大公が皇帝位を継ぎ、神聖ローマ皇帝カール六世に。そしてこの継承戦争に勝ってスペイン王にも即位すれば、かつて神聖ローマ皇帝カール五世＝スペイン王カルロス一世だったのと同じく、「神聖ローマ皇帝カール六世＝スペイン王カルロス三世」が誕生します。またもやフランスにとっては、ハプスブルク家に挟撃される悪夢の再来となります。

しかし今度は、これを悪夢と感じるのはフランスだけではありませんでした。ハーグ同盟諸国、特にイギリスが嫌います。イギリスにとっては「強すぎるフランス」同様に、「強すぎる皇帝」も望ましくありません。イギリスの狙いはあくまでも「ヨーロッパ大陸の勢力均衡」です。複数の大国が競い合い、牽制し合っている状態が理想です。イギリスはフランスとの和平交渉を模索し始めます。ルイ十四世もまた凶作による農民反乱や財政窮乏に困り果てていましたから、渡りに船で飛びつきます。そしてユトレヒト条約（1713年）、さらにオーストリアと個別で結んだラシュタット条約（1714年）で長かったスペイン継承戦争は終結します。内容は①フェリペ五世はフランス王位継承権放棄を条件にスペイン王に、②フランスのヨーロッパでの領土は保全、③新大陸のアカディア・ニューファンドランド・ハドソン湾はイギリスに、④ネーデルラント、イタリア半島のナポリ・ミラノとサルデーニャ島はオーストリアへ、というもの。フランスとスペインは大幅に領土を減らす一方で、イギリスは新大陸で、オーストリアはイタリアでほぼ独り勝ち。イタリア半島の覇権はスペインからオーストリアのハプスブルク家へ。暖簾が変わっただけでハプスブルク家の支配は続きます。スペインはハプスブルク朝からブルボン朝へ。以後、一時的な中断を挟んで現代にまで続くスペイン王室となっています。そして王国としての地位を得た北方の新興国プロイセンが、この後数世代にわたって着実に国力を増し、やがてはヨーロッパの大国として台頭します。

スペイン継承戦争は太陽王の孫フィリップがフェリペ五世としてスペイン王に即位することで落着しましたが、実はこの戦争の末期から、本当はスペインどころではない、本家本元フランスの王位継承が危機を迎えていました。ルイ十四世と故マリー・テレーズ妃との間には、長男ルイの他に二人の男子と三人の女子が生まれましたが、長男ルイ以外は皆五歳までに夭折。王太子（ドーファン）となったルイは、バイエルン選帝侯の長女マリーと結婚し（1680年）、ルイ・フィリップ・シャルルの三人の男子が誕生。フィリップがスペイン王フェリペ五世になります。大柄だったため「グラン・ドーファン」と呼ばれたルイ（太陽王の子）ですが、天然痘に罹り死去（1711年）。その長男のブルゴーニュ公ルイ、太陽王から見れば孫、スペイン王となったフィリップの兄のルイが王太子に。父と区別するために「プチ・ドーファン」と呼ばれた王太子ルイは、サルデーニャ王の娘マリーと結婚（1697年）。三人の男子に恵まれます。しかし1712年、妃マリーが天然痘に罹り死去、そして七日後に「プチ・ドーファン」ルイも妻から感染して死去。二人の間に生まれた男子は、三人とも名はルイ（太陽王から見ればひ孫）。長男ルイは夭折、次男ルイも両親の一か月後にやはり天然痘で死去。この時点で王位継承者は「グラン・ドーファン」ルイの三男ベリー公シャルル、太陽王の孫にしてスペイン王フェリペ五世の弟。その次が「プチ・ドーファン」の三男ルイ（しつこいですが太陽王のひ孫）。そして第一継承者ベリー公シャルルが事故死（1714年）。もはや残されたのは「プチ・ドーファン」の三男ルイ（しつこいですが太陽王のひ孫）一人に。もしこの子に万が一のことがあったら、フランス王家は…？　ルイ十四世自身は、晩年は糖尿病に悩むも、健啖家で頑丈な身体と強靱な生命力の持ち主でした。しかし往々にしてこういう場合、その子孫たちは健康に何らかの問題を抱えます。ルイ十四世、子供のみならず孫にも、挙句にはひ孫にまで先立たれるという、哀しい治世の末期そして人生の晩節を迎えます。

もうここまで来ると民も、そして声を大にしては言えませんが周囲の者たちも、内心は思っていたのではないでしょうか。「(言葉は悪いが) 早く死んでくれないものか…」と。日本の天皇家のように生前譲位という英知があればまだしも、フランス王はその死まで務め上げるのが慣例です。もっとも、ルイ十四世の性格からして、生前譲位を受け入れたとは思えませんが。この治世末期を見ると、「長すぎる在位も考えもの…」です。

1715年に入ってから、ルイ十四世の体調は目に見えて衰えだし、8月13日のペルシア大使歓迎式典が最後の公務となります。そして死を前にして王位継承者となる王太子、ひ孫となるアンジュー公ルイに、「汝は神に対して有している義務を忘れるな。戦争に関しては朕を真似るな。常に近隣との平和維持に努め、汝の臣民を豊かにせよ。不幸にもこれらは朕ができなかったことだ」と言い残しました。9月1日、七十七歳の誕生日の四日前、永眠。こうして現在（2025年）のところ、史上最長の在位期間の記録保持者であるルイ十四世の治世は終わりを告げました。本人には大変申し訳ありませんが、民は「やっと死んだ」という安堵の気持ちもあったことでしょう。そしてフランス王位は長生きしすぎた太陽王のひ孫、アンジュー公ルイがルイ十五世（1715～74）として即位します。

ルイ十五世は曾祖父ルイ十四世ほどには、政治に熱心ではありませんでした。そんな国王の性格ゆえか、ルイ十五世の治世は、良くも悪くもフランスが主体的にというものよりも、巻き込まれて仕方なくという受動的なものが多くなります。妃マリー・レグザンスカとその父「元」ポーランド王スタニスワフ・レシチンスキーとの関係で、やむなく巻き込まれたポーランド継承戦争では、スタニスワフが与えられたロレーヌ公領が、その死後は妃に相続、事実上フランスに編入というお慰め程度の利益。因みに、元居たロレーヌ公フランツはこの玉突き人事によって追い出され、その見返りに中部イタリア、富豪メディチ家が断絶したことで空きが生じたトスカーナ大公に。この新トスカーナ大公フランツの妃は、オーストリア大公にして神聖ローマ皇帝・カール六世の長女、マリア・テレジアです。

十八世紀前半のヨーロッパは、継承戦争が相次ぎます。スペイン、ポーランドと来て、次がオーストリアです。スペイン継承戦争の最中に神聖ローマ皇帝に即位したカール六世が、男子の跡継ぎを残せずに死去します（１７４０年）。オーストリア大公家つまりハプスブルク家はこれによって男系が途絶え、長女であるマリア・テレジアが跡を継ぐことになります。しかし周辺諸国は、マリア・テレジアの継承が確実視され始めた頃から、女子相続に対して何やかやと注文を付け出します。そして１７４０年12月、やはりこの年の５月に即位したばかりの新興国プロイセン国王フリードリヒ二世は、突如シュレージエン地方に進攻してそのまま占拠。即位したばかりのマリア・テレジアは、「これに泣き寝入りするしかなかろう」と思われましたが、いやいやどうして、諸国の王たちの予想に反して、そんなやわな女性ではありませんでした。敢然とプロイセンに開戦。こうして始まったのが、オーストリア継承戦争です。因みにハプスブルク家は以後、正式にはハプスブルク＝ロートリンゲン家となり、現在に至りますが、本書では以降も通称のハプスブルク家で表記します。

フランスはハプスブルク家のライバル、バイエルンのヴィッテルスバッハ家と同盟を結んで対オーストリア宣戦。１７４２年にはそのバイエルン公カール・アウグストが、カール七世として神聖ローマ皇帝に即位します。しかしこの戦争でフランスにとって、そして世界史上でもより重要なのは、ヨーロッパ大陸での戦闘よりも、北米新大陸でのイギリスとの植民地戦争です。イギリスがオーストリア側に付いたため、仏英両国はヨーロッパだけではなく、北米の植民地でも戦闘を繰り広げます。１７４４年3月15日、船舶同士の小競り合いが故で対英宣戦布告。イギリス側では「ジョージ王戦争」と呼ばれている戦争です。これにオーストリアが呼応して、アルザスに攻め込んできます。ヨーロッパでも北米でも１７４８年まで戦争が続きますが、同年のアーヘン和約で一応の決着が見られます。北米の植民地は現状維持で休戦。ヨーロッパでのオーストリア継承戦争は、マリア・テレジアのオーストリア大公即位は認められたものの、シュレージエン地方はプロイセンから奪い返せないまま、無念の休戦。またカール七世が死去（１７４５年）した結果、神聖ローマ皇帝にはマリア・テレジアの夫、フランツ・シュテファンがフランツ一世として即位しました。

一方、あまりやる気のないルイ十五世の下に一人の女性が現れます。１７４５年2月25日、王太子ルイとスペイン王女マリアの結婚祝賀の仮面舞踏会でルイ十五世とお近づきになって寵愛を受けることとなったティオール卿夫人。以後約二十年にわたってその美貌と知性でルイ十五世を篭絡、いや影響を与え続け、夜のお伽だけではなく、気がつけば文芸サロンの主宰、果ては国政に関わるまでになりました。１７４５年9月、王妃マリー・レグザンスカの部屋係として認められ、呼び名もポンパドゥール侯爵夫人と呼ばれるようになりました。

やがて自身の健康不安もあって、王の「夜のお相手」を務めるのが億劫になってきたポンパドゥール夫人は、「鹿の苑」なる場を作り、そこに身寄りがいなかったり、貧しい家の娘たちを集め、国王や男性貴族たちに「楽しみ」を与えます。何をやるか？　言うだけ野暮でしょう。そしてポンパドゥール夫人は、自分の代わりに若い娘たちを国王に当てがうだけではなく、その娘たちが妊娠した時は出産の手助け、里子の手配、そして健康への気配りなど、まさしく女郎屋の女将さんのように「鹿の苑」を切り盛りしていました。

その活動は国政にも及びます。1755年、オーストリア宰相カウニッツ伯爵より、ある打診が届きます。内容は「オーストリアとフランスの同盟」。カウニッツ伯爵の提案をマリア・テレジアが受け入れて、打診されてきたこの秘密交渉。カウニッツ伯爵が交渉の窓口に定めたのが、ポンパドゥール夫人です。翌56年5月1日、ヴェルサイユ条約でフランスとオーストリアの同盟が成立。三百年来の宿敵が手を結んだこの同盟を、ヨーロッパ外交史上では「外交革命」と呼んでいます。これをフランス側で主導したのが、ポンパドゥール夫人、事実上の宰相のような働き。しかしマリア・テレジアには、「国王の愛妾風情と交渉なんて」と忌み嫌われたようですが。

1756年5月、七年戦争が開戦。基本的な対立の構図は、フランス・オーストリア・ロシア対プロイセン・イギリス。もっともイギリスは、現ハノーファー朝の故地ハノーファー選帝侯国を守るために申し訳程度の兵と資金を提供しますが、大規模な派兵は避けます。そのためヨーロッパでは事実上、フランス・オーストリア・ロシア対プロイセンです。プロイセンのフリードリヒ二世は自ら敵を作る名人で、現代なら間違いなく辞任必至の女性蔑視発言を連発して、宿敵マリア・テレジアのみならずポンパドゥール夫人、ロシアのエリザヴェータ女帝をも敵に回しました。この三人の女性が主導してフリードリヒ二世に立ち向かったため、この戦争は別名「三枚のペチコート作戦」とも呼ばれています。

そしてこの戦争でも、フランスと世界史にとってより重要なのは、北米・インド・アフリカでの仏英植民地戦争です。北米ではイギリスが自前の領地にヌーヴェル・フランスやスペインから得たフロリダなどを合わせることで、完全な優位を確立。インドでもやはりフランスは追い出され、イギリスの独占権が確立。世界大での植民地獲得競争において、イギリスの優位が確立しました。

ヨーロッパ大陸での七年戦争も、やはり1763年2月15日のフベルトゥス条約で終結します。こちらは痛み分けといっていいでしょう。オーストリアは結局シュレージエン地方を奪回できず。プロイセンは欧州五大国（英仏墺露普）としての地位を確立しますが、ほぼ孤立無援の戦いを続けたため、国力は消耗。ロシアはエリザヴェータ女帝が死去（1762年）して、次の女帝エカチェリーナ二世が支配権を確立するまで、しばし国内が混乱。そしてフランスはこちらでもほぼ得るものなし。総合的に見れば、イギリスの独り勝ちとなったのが七年戦争です。そしてこの七年戦争を事実上の女性宰相として取り仕切ったポンパドゥール夫人は、その疲れがもともと虚弱な身体に障ったのか、終戦間もない1764年4月15日に四十二歳で死去。長かった戦争の恨みつらみは、ルイ十五世に代わってポンパドゥール夫人が一身に引き受けることとなり、ある意味では愛妾の鑑。国王の盾となって守ったと言えます。

ポンパドゥール夫人亡き後、ルイ十五世の愛妾にはデュバリー侯爵夫人という方がなりますが、ポンパドゥール夫人ほどの才媛ではありませんでした。ルイ十五世は相変わらず、政治は側近に丸投げ。外交では、七年戦争後もオーストリアとの同盟関係は続きます。そのルイ十五世も齢六十を超え、ぼちぼちと王位継承のことが話題に上り始めますが、そんな矢先の1765年12月20日、王太子ルイ・フェルディナンが死去。次の王太子となったのはルイ十五世の孫、ベリー公ルイ・オーギュストです。そのベリー公ルイも結婚をするお年頃なり、その白羽の矢が立ったのが、今や同盟国となったオーストリアの王女です。三百年来の宿敵であったオーストリアから花嫁を迎えるなど、ほんの十年前までは想像もできませんでした。そして花嫁としてフランス王室に嫁いでくることとなったのが、マリア・テレジア女帝の十六人の子のうちの十五人目、その名はマリア・アントニア（フランス名マリー・アントワネット）。王太子ルイ・オーギュストと王女マリア・アントニアは1770年5月16日、晴れて結婚となりました。

曾祖父ルイ十四世ほどではありませんが、ルイ十五世の治世ももうすぐ六十年になろうという長さです。1774年流行りの天然痘に罹って病床の人となってしまいます。唯一の自慢だった美貌にも疱瘡ができて自信喪失。そして1774年5月10日、ルイ十五世は六十四歳で死去し、王太子がルイ十六世（1774～92）として即位します。

10　ルイ十六世　人が善すぎて図太さに欠けた名君

繰り返しになりますが、ルイ十六世はルイ十五世の孫です。父であるルイ・フェルディナンが1761年に死去。その他の男子王位継承者も軒並み死去していたための即位となりました。因みに母マリーも1771年に死去。幼少期には身内の不幸を相次いで経験します。その亡き父ルイ・フェルディナンは、その父である先王・故ルイ十五世とは犬猿の仲でした。ルイ十五世は国事をほとんど顧みず、狩りと愛妾たちとの戯れに熱中。そんな父を、ルイ・フェルディナンは苦々しい目で眺めていました。加えて先王の一番の愛妾であったポンパドゥール夫人の進歩主義的な啓蒙思想にも異議を唱えて、信心派と呼ばれる熱心なカトリック信徒。そんな父ルイ・フェルディナンに育てられたルイ十六世は自ずと「祖父ルイ十五世を反面教師」として、寡黙で内向的、王妃以外の女性にも目もくれないという性格に育っていきます。教育総監ラ・ヴォーギィヨンによって語学・数学・物理学・法学・歴史などの、王族の一般教養を叩き込まれて成績もまずまず。特に海事と地理に大きな興味を示します。その後の歴史の大奔流に影響されて、ルイ十六世にはやや好ましくないイメージが定着していますが、名君たる資質は十分に兼ね備えていました。

ルイ十六世は即位すると亡き父の遺言に従って、モールパ伯爵を宮廷に呼び戻して宰相に任じます。モールパ伯爵はポンパドゥール夫人と対立して、ルイ十五世よりヴェルサイユから追放されていましたが、若き新王の御代となって捲土重来を果たします。この時七十三歳。その宰相モールパ伯爵は大法官にミロメユル、外務卿にヴェルジェンヌ、財務総検にテュルゴを任じて、新内閣を組閣します。

1775年、大西洋の向こう側、当時まだイギリスの植民地だったアメリカでの対英反乱は激しさを増し、本格化していきます。1776年6月29日、ヴァージニア憲法採択。同7月4日、アメリカ独立宣言。その後、戦闘が本格化。1777年10月17日、サラトガの戦いで植民地軍が大勝利を収めます。ここでアメリカ側は「より本格的な支援を」と、密使をパリに送ってきます。

ルイ十六世にとって、宿敵イギリスに反旗を翻したアメリカ植民地を支持することは、自身の目的に適った、ある種崇高な行動ですらありましたから、積極的に支援します。1778年2月6日、仏米間で友好通商条約と同盟条約が締結されます。フランクリンは見事に務めを果たし、初代駐仏アメリカ大使となります。

1778年6月、イギリスがブルターニュ沖で仏艦ラ・ベル・プール号に先制攻撃を仕掛けてきます。敵が攻守同盟を結んだ以上、事実上の宣戦布告と見なして「やられる前にやる」のがイギリス海軍です。これにルイ十六世は、「余は穏健であろうと自制してきたが、この攻撃は自制に終止符を打つことを余に強い、遺恨の高まりを抑えることを不可能にした」と怒りを露わにして、イギリス海軍との開戦に踏み切ります。7月、ヴェサン沖で仏英両国海軍による本格的な海戦があり、これにフランス海軍が勝利。この歴史上でも数少ないフランスの対英海戦勝利で、フランス国民は久しぶりにイギリスに対して溜飲が下がる思いを味わいます。この勝利後、スペイン・ロシア・デンマーク・オーストリア・プロイセン・ポルトガルを抱き込むことに成功し、ここに各国の利害を巧みに読み取って対英包囲網を完成。ルイ十六世、これまで散々煮え湯を飲まされてきたイギリスに痛烈なしっぺ返し。

弱り目に祟り目の宿敵イギリスに対し、フランスはアメリカへ陸軍派遣を決定。フランス軍総司令官はロシャンボー。現地の「アメリカ軍」総司令官は、後の初代大統領ジョージ・ワシントンです。この二人の間を取り持つのがラ・ファイエット。1781年3月、フランス艦隊がニューヨークを狙うふりをしてイギリス歩兵部隊と海軍をくぎ付けに。これによって軍を南下させることが可能となったワシントンは、コーンウォリス英将軍の待つヨークタウンへ大軍を派遣。仏米合同陸軍とフランス海軍の援護射撃もあって優勢に戦いを進め、1781年10月19日、コーンウォリス将軍は降伏文書に署名。これが独立戦争の帰趨を決することとなったヨークタウンの戦いです。アメリカはフランスの支援なしにイギリスに勝つことはできなかったのです。イギリスは首相のノース卿が「神よ、万策尽きました」とため息。趨勢が決したアメリカ独立戦争は、この後その舞台を交渉のテーブルに移します。

十八世紀の戦争は戦争自体ものんびりしたものなら、講和会議が始まるのもまたのんびりしています。その間にも戦闘は続きますが、もはや戦争の趨勢は決していました。1783年9月3日、パリでイギリスとアメリカによるパリ条約。フランスは費やした金と労力の割には得られたものは少なく、国庫はほとんど空に。そして前者のパリ条約。ここでアメリカ合衆国の独立が国際的に承認されます。その独立はフランスの協力がなければあり得ませんでした。現在でも首都ワシントンDCのラ・ファイエット広場にはロシャンボー将軍の銅像。独立の恩人の名が付いた広場に、やはり恩人の銅像が建っています。またラ・ファイエット侯爵は今でもアメリカで一番人気のあるフランス人の一人で、各地に銅像があるのはもちろん、毎年7月4日の独立記念日には、駐仏米大使がパリにある侯爵の墓地を訪れて敬意を表しています。

フランスにとって「対英復讐戦」でもあった、アメリカ独立戦争は終わりました。しかし戦後すぐに明らかになったのは、「フランス王国の国庫はもはや空」という、厳然たる事実です。財務総監には戦争中の1777年から、ジャック・ネッケルが就任していました。

1787年2月22日に開催された財政再建のための名士会議。参加したのは、ルイ十六世が選んだ高位聖職者、貴族、官吏たちです。その彼らは、総論賛成・各論反対です。この各論とは、聖職者らへの免税特権の廃止です。ここが一番の肝ですから、ここを反対されたらそれ以上先には進めません。そうこうしているうちに凶作や経済不安、治安の悪化など、フランスはまさしく革命前夜の様相を呈し始めます。ルイ十六世は混乱を警戒して、ぎりぎりまで抵抗勢力と免税特権について妥協点を探りますが、遂に折り合えず、最後の切り札として全国三部会を招集することを認めます。期日は1789年5月1日です。既得権益者の抵抗の根強さたるや、かくのごとしです。ここでルイ十六世が、暴論に聞こえるかもしれませんが強権発動、軍隊の動員でも何でもして押し通せば、その後のフランスそしてルイ十六世自身の運命も違ったかもしれませんが、優しく人が善すぎたルイ十六世にはそれができませんでした。

その後も紆余曲折ありながら1789年5月5日、実に百七十五年ぶり、運命の全国三部会が始まります。ルイ十六世は開会宣言で、王国の財政がもはや待ったなしの危機に瀕していることを告げ、そのための解決策を提示することを議員たちに促し、「人心は揺らいでいるが、国民の代表者たちは英知と賢明の声にしか耳を傾けない」と締めて、大喝采の中で着席します。続いて大法官バランタンがルイ十六世を、「国民が出版の自由を手にし、税の平等を考えるようになり、友愛を交わす機運が高まったのも、国王のおかげである」と称賛します。この時初めて、後の革命の理念となる「自由・平等・友愛」の三つの言葉が登場しました。元はルイ十六世を称賛する言葉だったのです。

開会間もない5月4日、王太子が七歳で死去。宮廷のしきたりにより、ルイ十六世とマリー・アントワネットは臨終に立ち会うことが叶いません。その弟で四歳のルイ・シャルルが王太子となります（後のルイ十七世）。

三部会が進むにつれ、採決方式が明らかに自分たちに不利であることに危機感を抱いた第三身分議員たちは、「自分たちは英国の下院と同じである」として、三部会とは別の会議を作ることを働きかけ、6月17日、第三身分議員は一部の聖職者を抱き込むことに成功。三部会とは別に新たに「国民会議」を設立。自分たちの賛成なしに創設される税金は違法である、と高らかに宣言します。ここから雲行きが怪しくなっていきます。

6月20日、三部会の議場となる大広間は扉が閉められて、衛兵隊が警備しているのを目の当たりにした第三身分議員たちは、そこから程近い、やはり宮殿内のジュ・ド・ポムのコートに移動し、「我々は王国憲法制定のため、何があろうと団結を守る」と宣誓。「テニスコート（球戯場）の誓い」と呼ばれる宣言を出します。参加者一同が、正面左側を一斉に指さしている絵で有名です。

6月23日、ルイ十六世は御前会議にて、「余は王国共通利益に責任があり、諸君の不当な分裂を終わらせるのが責務である」として、改めて国民会議の審議は無効であると宣言。同時に税負担の平等、個人と出版の自由、農奴制全廃への同意。最後に「わが国民の真の代表者は、余ただ一人である」と締めくくります。しかしもはや混乱のるつぼと化しつつある中では、どんな言葉も効き目なしか。第三身分議員たちは国王のこの宣言を、「国王による専制の始まり」と見なします。ここでミラボー伯爵が「専制の贈り物は常に危険である」と、さらに火に油を注ぐ発言。

7月9日、国民会議は「憲法制定国民議会」と改称。7月11日、ルイ十六世はネッケルを罷免し、その後任にはブルトゥイユ男爵を、また陸相にはブロイ元帥をそれぞれ任命。いずれも王政支持の強硬派。この人事、特に平民宰相と人気の高かったネッケルの罷免は、ますます第三身分議員、どころかパリ市民にも驚きと怒りをもって迎えられます。パリを包囲し始めた軍隊の不気味な威圧感もあって、「すわ、サンバルテルミの再来か!?」と緊張は極限状態に。

7月13日、パリの大選挙人四百七名が市庁舎に集まり、常任委員会を設置。同時に四万八千名からなる市民軍を創設。しかし武器は？　廃兵院（アンヴァリッド）に大量の武器が保管されていることは知られるも、司令官は明け渡しを拒否。そして翌7月14日…。

二日前の12日にパレ・ロワイヤルで蜂起して、国王軍と衝突を繰り広げていた市民軍が熱望したのは、武器と弾薬でした。アンヴァリッドの武器を手にできなかった市民たちだ次に向かったのが、バスティーユ要塞です。そこにもまた、武器と弾薬がふんだんに保管されていると。選挙人代表団が司令官と交渉するも、やはり明け渡しを拒否。それでも引き下がらない市民たちに苛立った司令官が、二百五十樽の火薬を爆発させて威嚇。これに興奮状態となった市民たちが、要塞の城壁前に集結。銃撃戦が繰り広げられているさ中、スイス衛兵隊がアンヴァリッドより盗んできた大砲を持って到着し、要塞の正面前に据え付けます。これを撃たれたら、中の武器に引火して大惨事になること間違いなし。やむなく要塞側は降参。市民たちは「国王万歳！」の大歓声とともに要塞内に突入し、七人の囚人を解放して、大量の武器も入手することに成功。有名なバスティーユ要塞の襲撃。一般にはこれをもってフランス革命の始まりとします。

バスティーユ襲撃の時、群衆の掛け声は「国王万歳！」でした。その後、ルイ十六世が国民議会に臨んで、「余は諸君らを信頼している。国家を救済する余を助けてほしい」と訴えかけると、ここでも「国王万歳！」で議員たちは応えました。7月17日には、国王一家はヴェルサイユを出てパリのチュイルリー宮へ。ここでもパリ市民は国王一家を歓迎し、ルイ十六世に「赤白青」の三色旗を手渡しています。後のフランス国旗ですが、現在のものは左から「青白赤」なので、配列が逆です。いずれにしても市民はまだ、フランス国王に対して愛情を感じて接しています。平民宰相として人気のあったネッケルも復帰させて、ますます市民の印象も良くなります。

国民議会ではこの後、憲法制定が論点となっていきます。その議論が続いている最中でも、革命による騒乱は今やパリからフランス全土に広がりを見せています。記録的な冷害であった前年（1788年）の影響から、パリでもどこでも、パンの価格が上昇して質が低下するという悪循環。失業者も急増し、路頭に迷う人があちこちに。こうした人たちにはどうしても、「議会は何をしている？」「政府を倒せ！」など、反政府系出版物の過激な文言が心に響きます。「パンが隠されている」と噂された場所はすぐに襲撃の対象になります。

10月5日、とうとう生活苦に耐えかねた三万人もの女性たちが、「ヴェルサイユへ！」を合言葉に行進を開始。宮殿を取り囲んだ彼女たちは、国王夫妻に小麦の供給を約束させ、さらに「パン屋をパリへ！」と凄んで、国王夫妻を強引にパリへ連行。国王夫妻はチュイルリー宮に押し込まれます。この頃から、身を案じた貴族たちの外国への亡命が増え始めます。もはや誰もが「フランスはとんでもないことになっている」という危機感を共有し始めました。それでもフランス国民にはまだ、国王と君主制への畏敬の念が残っています。その間にネッケルが、財政と君主政の危機を乗り越えるために奔走しますが、例によって国債発行を連発するも効果が上がりません。たまらずネッケルは国民議会に、「全ての市民が実質収入の四分の一を納める特別税」の導入を懇願。議会は反発しますが、ここでミラボーが「特別税を採択したまえ。破産はすぐそこに迫っている」と力強く誘導することで、やっとのことで特別税が可決。

それでもパンの価格はもはや天井知らずで、混乱は収まらず。9月に国王のフランドル連隊がパリに到着すると、さらに緊張が激化。様相はもはや国民議会による独裁、とも呼べる状態に。こうして騒乱は一向に止む気配を見出せないまま、激動の１７８９年は終わりを告げます。

１７９０年になると、議会の暴走はますますエスカレート。2月13日に修道会を廃止、国王の権限を制限、貴族の称号の廃止。これでますます貴族の国外亡命が増えます

7月12日、その後の革命とルイ十六世の行く末を決定づける重要な法案が通ります。「聖職者民事基本法」です。これは司教も司祭も聖職者は以後、ローマ教皇ではなく市民によって選ばれる。俸給は国家から支給される。いわば聖職者の国家公務員化です。この法案に当の聖職者たちは、革命の大義に賛同する「宣誓派」と「宣誓拒否派」とに分かれます。ルイ十六世は敬虔なカトリック信者です。財政立て直しのために聖職者への課税は認められても、財産没収や公務員化はいくら何でもやり過ぎである、と感じました。まじめで敬虔なルイ十六世は胸が張り裂ける思いでしたが、時代の潮流と議会の圧力とによって、泣く泣くこの聖職者民事基本法を承認。

1791年4月18日、復活祭をサンクルー城で過ごす予定が、興奮した群衆によって道を塞がれ、結局チュイルリー宮に引き返し。ここでいくら心優しいルイ十六世とはいっても、遂には堪忍袋の緒が切れて決意！　したのかもしれません。王妃の腹心（親密な間柄?）フェルセンの提言あり、思い至った大胆な策が逃亡です。もはやルイ十六世は、国王としての尊厳も誇りも踏みにじられて疲労困憊。それ以上に王妃マリー・アントワネットは我が子の死、度重なる恐怖体験、民衆から浴びせられる罵声に、精神もボロボロ。心優しいルイ十六世は、それもあって「逃亡（もしくは一時的撤退）」を決意したのでしょう。6月19日、王妃は駐仏オーストリア大使に、「以上の計画で、私たちは6月20日の真夜中に出発します」と告げています。そして当日、国王一家逃亡計画は予定通りに幕が切って落とされました。

顛末から先に言えば、この逃亡計画は失敗に終わります。幾つかの間抜けな理由も重なって、段取りと歯車が狂い始めます。それでもようやくたどり着いたヴァレンヌで、旅券審査に訪れた判事が、かつてヴェルサイユで国王に謁見したことがあり、跪いて「陛下」と挨拶。これに真面目なルイ十六世が「さよう、余は国王、そして王妃と一家だ」と(馬鹿)正直に答えしてしまったものだから、これで万事休す。その後も紆余曲折あった末に、国王一家は身柄を押さえられ、パリへ強制送還の羽目に。これがヴァレンヌ逃亡事件です。

身柄を拘束された国王一家は、6月25日にパリ到着。沿道で迎えた市民は、まるで裏切り者を見つめるかのような、冷ややかな視線であったとされます。モナ・オスンフというフランスの歴史家は、「ヴァレンヌが殺したのは、国王と国民の親密な一体感である」と述べています。このヴァレンヌ逃亡事件が、「国民はフランスと国王を同一視することが愚かだと考え、こうした伝統と決別した」と。それまでは、どんなに聖職者や貴族、時には国民議会にさえ罵詈雑言を浴びせかけた民衆も、最後には「国王万歳!」でした。国王さえいてくれれば、フランスはどんな苦境も、これまでだって図太く乗り越えてきたし、これからも乗り越えていけると。しかしその国王が、国民を見捨てるかのように逃亡を図った。これがフランス王家の行く末を決定づけてしまったのかもしれません。

ルイ十六世、ここで下手したら自らの処刑？　少なくとも強制退位ぐらいは覚悟したようですが、9月3日の憲法発布を控えて、そこでは「国王が執行権の長」と記されていることから処罰も受けず、逆に「国王一家は誘拐された」という話がまかり通って、議会もそれを真相として決議。どうにか命を長らえたルイ十六世は、執行権の長として9月14日、憲法を承認。これが『1791年憲法』で、これにより憲法制定議会は解散。新たに立法議会が成立し、フランス革命は次の段階に入ります。

その間、フランスの革命はもはやフランス一国にとどまらず、諸国の王たちが「明日は我が身では？」と秘かに恐怖を感じるまでに。ならば先手を打ってしまえと8月27日、オーストリア・レオポルト二世とプロイセン王フリードリヒ・ヴィルヘルムがピルニッツで会談。その共同声明で「フランス国民議会が、君主の権利と国民の幸福に適う憲法を採択しないなら、制裁を加える。準備が整ったなら、早急に行動を起こすように」各国の君主に呼び掛け。

実はルイ十六世にとって、本音では対外戦争は願ったり叶ったりでした。勝てば勝ったで、自身の威信が増す。負ければ負けたで革命勢力の勢いが削がれ、諸国の協力の下に再び強大な国王として返り咲くことができる。ルイ十六世には分かっていました。今のフランス軍では、外国との戦争には勝てない。それぐらいに無政府、無規律の軍であることを。開けて1792年4月20日、オーストリアに宣戦布告。案の定、開戦から苦戦。議会と世論は不安に。国王は内心でほくそ笑み。

外での戦争と並行しながら、国王と議会の駆け引きが続きます。議会が提出する法案、憲法に宣誓しない宣誓拒否僧を流刑に処する法案、国王近衛隊の解散法案に、次々と拒否権。球戯場の誓いの日にしてヴァレンヌ事件の日でもある6月20日には、民衆がチュイルリー宮に乱入し、暴徒たちがルイ十六世を取り囲み。しかしルイ十六世は王妃と子供たちを安全な場所に避難させると、群衆たちと謁見。拒否権行使の撤回、ジロンド派大臣の復帰を求める群衆たちに、国王然とした威風堂々たる態度で臨みます。彼らに礼節を持って対応しつつ、肝心の要求には一切譲歩しませんでした。

一方、戦場ではフランス軍が墺普連合軍に敗戦続きで、遂に連合軍が北フランスに侵入。この事態に危機感を募らせた立法議会は7月11日、国家非常事態宣言。7月25日、連合軍のブラウンシュヴァイク公爵が、「フランス王家に少しでも危害が加えられるなら、パリは攻撃を受け、徹底的に破壊される」と警告。いわゆる、ブラウンシュヴァイク宣言。ルイ十六世としては面目躍如。これで議会はなす術なく、国王に跪いてくるだろうと。しかし、策士策に溺れたか。ここで状況は予想もしない展開に。7月29日、ある革命派議員がとんでもない要求。それは「国王の失権」。要求した議員の名は、マクシミリアン・ロベスピエールです。

8月3日、パリ市長も国王失権を要求。ルイ十六世は「何をバカな」といったところでしょう。「自分たちが作った憲法に、国王の不可侵が明記されているのだから。もし自分を退位させたければ、憲法を作り直してこい」と。だがもしそうなったらなったで、外国の軍隊がパリになだれ込んできて…。どちらにしても自分の国王位は揺るがぬ、と自信を持っていました。しかしこういう激動期には、何がどう転ぶか、全く予測がつきません。時に「そんなのありか？」というようなことまでが起こります。8月10日早朝五時、ダントン、マラ、デムーランといった急進派が動員した市民と、連盟祭に出る予定のマルセイユやブルターニュから来た連盟兵たちが合流し、カルーゼル広場を占拠。そのままチュイルリーへ向けて行進開始。そこでスイス人衛兵たちと大乱闘。午前十時、国王が国民軍を閲兵するも、その掛け声はこれまでのような「国王万歳！」ではなく、「祖国万歳！」。ここに至ってルイ十六世は、いよいよもってただならぬ危険を察し、家族を連れて議会へと避難。国王一家がいなくなったチュイルリー宮は暴徒たちによる乱暴狼藉。「自由・平等・友愛」？　フランス革命の美名が泣くような地獄絵図。一方、国王一家が避難した立法議会にも群衆たちが乗り込んで、絶体絶命の危機。国王は？　王妃は？　フランスは？

翌11日、立法議会が下した決議は「王権の停止」。その立法議会は解散となり、選挙で新たに国民公会が招集されることに。デムーラン曰く「**合法な革命などありえない**」。そう、現体制をひっくり返そうという革命は、現体制のルールを守っていたのでは成立し得ない。つまり違法であることが当然。それを正当化するのは力のみ。時代の激流と冷徹な現実が、最後にルイ十六世を一突き。あくまでも真面目で善良過ぎたルイ十六世、カエサルのようにルビコン川を渡ることができなかった。八百年に及ぶフランス王家の歴史、呆気ない幕切れです。

9月20日、ヴァルミーで仏軍と墺普連合軍が激突。約二万発の砲弾が飛び交う大激戦の末に、遂にフランス軍が勝利。連合軍を押し返すことに成功。この時プロイセン軍に同行していた文豪ゲーテが、「ここ、この日より、世界史の新たな時代が始まる」と記したことで有名な戦いです。21日に国民公会が初招集。パリではジャコバン派、地方ではジロンド派という過激派が勝利した国民公会の議員選挙。そこに名を連ねるのはダントン、ロベスピエール、サン・ジュストといった強面の面々。ここから、フランス革命は一段とその狂暴さを増していくことになります。

新たに招集された国民公会が最初にやったことが、王政の廃止（1792年9月21日）。そして翌22日、共和暦元年すなわち共和政の宣言。ここをもって名実共に、ユーグ・カペー以来八百年続いてきた、フランス王家の歴史は終焉。サン・ジュストは、「人は罪なくして王たり得ず」「なべて王は反逆者、簒奪者であり、そのものが国王であったという事実そのもので、裁かれなければならない」と主張。このサン・ジュスト、付いた異名は「革命の大天使」。その大天使の発言がこれです。さらに12月3日、追い打ちをかけるようにロベスピエールが、「祖国と王は並び立たず。祖国が生き延びねばならないために、ルイは死ななければならない」。もはやルイ十六世を死刑にすることが前提のような主張。このロベスピエールがまた弁護士として弁が立つこともあって、その主張が国民公会の主流に。革命期、混乱期にものをいうのは、主張の正しさよりも声の大きさ、押しの強さ。しかしそうは言っても、八百年続いてきた王家の重み、オーラは半端なものではありません。ルイ十六世を死刑にすることについては、当然ながら反対意見もあり、「何もそこまでは…」と逡巡する声も。国民公会だけではなく、フランス全土でそれこそ国論を二分して、前国王の処遇について大激論が戦わされます。

その大激論の末に、いきなり死刑ではなく、まずは裁判にかけることに。まだ多少は理性が残っていたようです。しかし、前国王を裁判にかけること自体が前代未聞。ルイ・カペーとなったルイ十六世にはこの上ない屈辱。1792年12月11日、国民公会での尋問初日。チュイルリー宮からの文書をもとに、二十八項目もの起訴状が挙げられます。しかしそれでもまだ踏み切れない議員も多く、議論は出尽くし、一旦審議は終了。

翌1793年1月15日に再開された国民公会。いよいよルイ十六世の処遇・量刑を決めるための投票が行われます。まず国王は有罪か否か？　これは圧倒的多数で「有罪」が確定。統治者をその統治行為そのものによって有罪とする、これだけでも既に無茶苦茶ですが、もはや革命なら何でもありの状態です。それでもまだ、ルイ十六世の身の処遇は決まりません。翌16日、議員一人一人が自ら正しいと思う量刑を述べる形式で投票。党議拘束は外されました。一人一人の議員が、自己の政治・宗教・人生…、あらゆる価値観を総結集して、自身の全存在を賭けて「これ！」と思われる量刑を述べます。一人一人の議員に、これ以上はない重い責任がのしかかります。死刑だ！　いや、殺す必要はない。国外追放で十分だろう。八百年続いてきたフランス王家の、その国王を自らの決断によって葬ってしまうことになるかもしれない。結果は死刑三百六十一票、監禁→国外追放二百八十六票、執行猶予七十二票。死刑がギリギリで過半数となり、死刑が確定。翌19日は執行猶予の可否が問われ、賛成三百十票、反対三百八十票。これで前国王ルイ十六世改めルイ・カペーの死刑確定。しかも猶予はなく、採択翌日の1月21日に問答無用で即執行という無茶苦茶なものでした。

1793年1月21日、朝五時。この世での最後の睡眠から起こされます。出発を待っている間にルイ十六世は、「ラ・ペルーズ氏の消息は？」と尋ねています。ラ・ペルーズ氏とは1785年、王命により太平洋探検に出発、その航海中にオセアニア付近で探検隊ごと消息不明となった船長です。ルイ十六世は自分の命によって遠洋航海に出て、音信不通となった人のことを心配したのです。それも自分が数時間後には断頭台の人となるという、まさに極限の緊張状態において！　これが暗君たる人のできることでしょうか？　ルイ十六世は名君たる素養を十分に持ち合わせた国王でした。義兄となるオーストリアのヨーゼフ二世は、「妹（マリー・アントワネット）は正妻であるのに、ポンパドゥール夫人やデュバリー婦人ほどの影響力も、夫に対して持ち合わせていない」と嘆いています。ルイ十六世は決して「王妃に頭の上がらなかった、だらしない国王」などではなく、むしろ自分の見識をしっかりと持った国王でした。ただ惜しむらくは儒教の性善説と同じく、自身が善良たる王となれば国は治まる、との思いが強すぎた、真面目過ぎた、優し過ぎた。人が善すぎた。アンリ四世、せめてルイ十三世ほどの図太さがあれば。またはリシュリューやマザランのような凄腕の宰相がいれば、あるいはこの革命の騒乱を乗り切れたかもしれない…。

10時15分、チュイルリー庭園の断頭台に到着。冷静沈着に「着いたのだね」。興奮した群衆、王の本当の姿を知らない群衆からは一斉に野次。その中を毅然と歩むルイ十六世。一段また一段と上り、断頭台の左端に。そして「私は罪なくして死ぬ。私は私を殺す者たちを許す。あなた方が流そうとしている血が、フランスに決して降りかからぬよう、私は神に祈る」と最後の呼びかけ。司祭による「聖ルイ王の息子よ、天に昇りなさい」の声。処刑人たちが王を押さえ、そして「国家の剃刀」と呼ばれたギロチンが落ちてきて…、ルイ十六世の頭と胴体は切り離されました。そしてその瞬間、フランス王家も、フランスとその国民から切り離されました。国民自らの手によって、おそらくは永遠に…。

11　大革命　大事な「何か」を失ったフランス

この後のフランス革命は、統領政府の成立（1799年12月25日）まで、血で血を洗う未曾有の大騒乱、権力闘争の歴史です。国王という国の求心力を自ら葬り去ったことで、フランス革命はもはや、どこに向かって進んでいけばいいのか分からない、羅針盤を失った船のように彷徨い続けます。この内憂外患の中、革命政府内でもジロンド派とモンターニュ派の争いが繰り広げられます。地方ではまだまだジロンド派が優勢なものの、パリの形勢は完全にモンターニュ派独裁に。

この激動の間にも、タンプル塔では亡きルイ十六世の家族たちが監禁生活。「ルイ十七世」はまだ八歳の子供なのに、亡き父が最期を過ごした部屋で、家族と離されたたった一人の監禁生活。時にはそこで看守による虐待や性加害を受けることも。マリー・アントワネット、「ルイ十七世」の姉マリー・テレーズもまた同様の監禁生活。しかし革命の激動は、もはや亡きルイ十六世の家族が監禁されていることすら忘れて、その扱いは日に日にひどくなる一方。

１７９３年10月16日、前王妃マリー・アントワネットの処刑執行の日です。もはや王妃ではなく、ルイ・カペーの未亡人扱いとなったマリー・アントワネット。科せられた罪状は二十八項目。内容は数々の贅沢三昧、そして息子と近親相姦の関係にあった、というまるで愚につかないものまで。マリー・アントワネット、傾国の悪女扱いされますが、はっきり言って彼女はそれほどの大物ではありません。フランス王家の財政窮乏は、もう長きに亘っての慢性病のようなものでした。国の財政は、彼女一人の贅沢三昧で傾くような、そんな次元ではありません。ただフランスという大国の妃は、彼女には荷が重すぎた。もっと小国に嫁いでいれば、分相応に気楽に過ごせたかも。母マリア・テレジアからは、再三その素行をたしなめられていましたが…。マリー・アントワネット、亡き夫ルイ十六世と同じく革命広場で、方法もギロチンによる斬首。三十八歳の数奇な人生に幕を閉じました。

続けてジロンド派への処刑も始まります。中心人物はロベスピエール。市中では革命パトロール隊が巡回し、反革命容疑者やスパイの外国人捜索に血眼。フランスは今や、国を挙げての監獄・殺人兵器と化した感があります。

当初は王室の財政再建だったのが、いつの間にやら憲法制定、そして王政の是非と、争点が二転三転してきたフランス革命。1794年、革命はいよいよ狂気の様相を強くします。相次ぐ粛清と処刑。粛清・処刑が手段ではなく、もはやそれ自体が目的と化した観があります。1794年のフランスは、まさしくそんな人間心理が作り出す、未曾有の恐怖政治の真っただ中にありました。

フランス革命中、1793年9月〜94年7月の時期を「恐怖政治（テルール）」と呼んでいます。文字通り、ジャコバン派、特にロベスピエールによる粛清・処刑の形をとった恐怖の時代でした。ロベスピエールが残した言葉に、「徳なき恐怖は有害であり、恐怖なき徳は無力である」というものがあります。「徳」の概念は十人十色でしょうが、ここではごく一般的に「人の生きる道」としておきましょう。確かに掲げるお題目は立派です。しかし、これを政治の場に持ち込むことは考えものです。こういうことはあくまでも個人の生活・人生信条、あえて持ち込むとしても企業の経営理念に掲げるぐらいにしておくべきです。なぜなら政治の場で目的を遂行するに当たって必要なのは、最後は強制力であるからです。その意見や政策に反対の人でも、最後はある種の強制力によって従わせなければならないからです。いわば押しつけです。しかし一方、徳というのは感化するものです。

それも誰でも彼でもが感化できるものではなく、不特定多数の人々によって権威を認められる人によります。皆さんの生活でもあるでしょう。同じことを言っても、Aさんが言えば「ああ、その通りだな」と素直に聞けるものを、Bさんが言えば「あんたに言われたくない！」ということが。こうなってしまうのが、「徳」というものです。もし「徳」ということを持ち出すのであれば、フランスにおいて唯一それを持ち出して不特定多数の人々を感化し得る力を持ち得る存在、国王を残しておくべきでした。ましてやルイ十六世のような善良な国王であればなおさら。しかしロベスピエールは自らも賛成することで、国王を処刑してしまいました。その彼が徳によって政治を行おうとしても、最後は恐怖によってしか強制することができません。そして多くの人に芽生える恐怖心は、やがて次の心理を生み出します。「やられる前にやってしまえ」。恐怖政治の約一年間、彼は反対派を相次いで処刑し、その数は千二百名に上るともされます。生来のその性格によって、生真面目に処刑をやり続けたロベスピエールですが、やがて彼に対する恐怖は、「彼を消してしまえ」という、彼に対する恐怖を上回る行動に取って代わられます。そして遂には彼自身も捕えられ、散々自分がやってきたのと同じ手法、処刑によって断頭台の露と消えることになります（1794年7月27日）。ロベスピエールの死によって、ようやく恐怖政治の時代は終わりました。政治も人生も、決して生真面目さ一辺倒だけでは上手くいきません。**時にはある種の鷹揚さ、寛大さ、清濁併せ呑む度量の大きさも求められるものです。**

このような混乱の中で船出した総裁政府（1795年10月）。五人の集団指導体制とはいっても、誰かが音頭を取らなければ動きません。ひとまずその中心人物となるのは、ポール・バラス。そんな政府の下で、世の中では右は王党派、左は急進派と、共和政の枠を壊すことも厭わない勢力が伸長。とても風見鶏バラスの手に負えるような情勢にあらず。やはりフランスに集団指導体制というのは、どうもイメージが合わない。圧倒的な実力とカリスマ性を持つ指導者でなければ、フランスは治まらないのではないか？　外国人の筆者がそう感じるのだから、当のフランス人たちは、よりその感を強くしていたかも。

12　ボナパルト　フランスを乗っ取ったイタリア人

一方、軍は干渉を続けるオーストリアの脅威を取り除くために、イタリア遠征を決定。そのイタリア方面軍総司令官は、ナポレオン・ボナパルト。1796年3月27日にアルプス越えを始めたフランス軍は、総勢四万。その大半は貧しい兵士たち。彼らに向かってボナパルト将軍は、「兵士諸君、裸だ、食べ物はない。政府は諸君に何も与えてくれない。私は諸君を世界で最も肥沃な平原に連れていく。諸君はそこで名誉、栄光、富を得るであろう」と、半ば公然と略奪を推奨する演説によって鼓舞。それで戦意が上がったのと、ボナパルト将軍の卓越した指揮もあり、フランス軍は連戦連勝。相次ぐ勝利の報せに国民は沸き上がり、ボナパルト将軍は一躍、国民的英雄に。１７９７年10月、独断でオーストリアとカンポ・フォルミオ和約を締結。

その間、総裁政府は、１７９７年３月選挙で躍進の王党派、１７９８年４月選挙で躍進のジャコバン派を、クーデタによって共に無効化。選挙で当選した議員を無効にする挙に出て、これでは「憲法とは？　自由とは？　いや、そもそもここまでのフランス革命とは一体何だったのか？」という、自己矛盾の行動を繰り返し、権威は失墜。政府への不信は否応にも増し、いよいよもってカリスマ指導者待望の空気が醸成されてきます。

イタリアにおいてボナパルト将軍は、外ではオーストリア軍やサルデーニャ軍との戦闘やイタリア統治で大忙しですが、それだけではありません。私的な事柄では、総裁バラスの紹介によって結婚した妻・ジョゼフィーヌが「いつになっても来てくれない！」と嘆いたり、来たら来たで妻の浮気にヤキモキさせられるなど、公私共に心休まる日がありません。それでもひとまずイタリア情勢を落ち着かせたボナパルト将軍が、次に向かった先はエジプト。革命に干渉する姿勢を隠さないイギリスをけん制し、友好国オスマン帝国を支持するという名目の下に、総裁政府はエジプト派兵を決定。アメリカ植民地が失われた今や、イギリスの最重要の植民地はインド。そのインドとイギリスを切り離すためには、東地中海の制海権を握る必要があり、エジプトはその要衝。もう一つの狙いは、国内での総裁政府の不人気を、対外遠征によって目を逸らすという思惑もありますが、ともかくこのエジプト遠征軍を任されたのが、またもやボナパルト将軍。総裁政府には、国民的英雄となったボナパルト人気にあやかる狙いもあったか。

　しかしこの遠征は結局、ネルソン提督の英艦隊に終始追われる羽目になり失敗。さらに鬼の居ぬ間にフランスを叩いてしまえと、各国が第二次対仏大同盟を結成（1798年）し、攻勢に出ます。フランス軍は各地で苦戦。総裁政府は右往左往するばかり。これを見たボナパルト将軍は「ついに自分が掌握する時が来たか」と確信。そして内にあって手引きをする者も。それはかつてのオータン司教タレイラン。ボナパルトはタレイランの素養と外交手腕を、タレイランは「この危機にあって担ぎ上げやすい御輿はボナパルトのみ」と、互いを自分の不足点を補うピースとして共に買っており、利害が一致。タレイランの手引きによって隠密裏に帰国を果たしたボナパルト将軍は、遂に一世一代の賭けに打って出ます。

　1799年11月9日、軍は議会のあるチュイルリー宮と、総裁政府のあるリュクサンブール宮を包囲。議会では「ジャコバン派の暴動の恐れがあるため、議会はサン・クルーに移し、議会と首都パリを防衛する権限をボナパルトに付与すること」を、あっさりと認めさせます。一方のリュクサンブール宮では、ゴイエとムーランというジャコバン派の総裁二人を監禁。そしてタレイランが窓の外の軍隊を見せつけたり、脅しては宥めてと、アメとムチ・硬軟織り交ぜてバラスに辞任を迫り、元々大した定見のないバラスはあっさり辞表を提出。そして弟リュシアンが、「今や議会は、短剣を持った少数の議員たちに自由を脅かされている。彼らはもはや人民の代表ではなく、短剣の代表である。もしフランス国民の自由を侵害するなら、たとえ兄であってもこの私がその胸を刺し貫くであろう」と、一世一代の演説。これで士気が上がった兵士たちは議場に突入し、議員たちを排除。クーデタは間一髪のところで成功。当日の革命暦を取って「ブリュメール十八日のクーデタ」と呼ばれます。

実は議員たちの怒声に気圧されていましたが、タレイランや弟リュシアンのおかげもあって一か八か、伸るか反るかの大博打に勝利したボナパルト。しかし三人の執政で政治をやる気は毛頭なし。彼には「**有能なリーダーが二人よりも、無能でも一人の方が良し**」という名言もあります。**船頭多くして船山に上る**。革命以降のフランスはまさにそれ。ボナパルトを担ぎ上げたタレイランもまた、混乱に終止符を打ち、平和と秩序と安定をもたらすために、ここは一人の有能な独裁者でなければ治まらず、それはボナパルト以外にはいないことを理解していました。独裁者が誕生する背景には、当人の権力への意志もそうですが、**独裁者を欲する周囲の心理**もまた後押しするのです。

そうしてボナパルトは第一執政に。12月15日には「共和暦第八年憲法」が公布され、そこで第一執政は軍事・内政・外交の決定権を付与されます。同時にボナパルトは、「市民諸君、革命はそれを開始した諸原則をここに達成した。革命は終わった」と高らかに宣言。国民投票によって、三百十一万対千五百の圧倒的多数で、新憲法は採択。うちあふれる「共和国万歳！　ボナパルト万歳！　平和万歳！」の声。こうして統領政府、事実上のボナパルト独裁が始まります。

実質上の独裁権力を握ることとなったボナパルト。しかし彼の場合は、ただの独裁者ではなく、それどころか、「超」が付くほどの有能な独裁者でした。まず彼はとにかくよく働き、よく学びました。他の閣僚たちがウトウトしていても、彼だけは精力が有り余っています。一日二十時間働いたというのも、どうやら誇張ではないようです。ボナパルトは、これから自分が治めていくことになるフランスの隅々まで、法律・税制・行政・教育そして軍事はもちろん、それぞれの専門家に説明させながら、その不備な点を的確に指摘できるほど、猛烈な勉強家にして仕事の鬼でした。まずは国家を安定させるための法律整備。後にナポレオン法典と呼ばれることになる、「幾多の戦勝よりもこれこそが我が人生の最大傑作」と自負する法律で、法の前の平等、信仰や労働の自由、私的所有権の絶対と契約の自由など、その後の近代国家の大前提となる法律が制定されました。他にも県知事や郡知事は中央政府の直接任命、中央政府任命の徴収監督官を全国に配置、フランス銀行を設置、全国に四千五百の小学校を設置して、国民育成のための初等教育、国家に貢献した者に与えられる、レジオンドヌール勲章。これはボナパルトの「人は勲章（という玩具）で名誉欲を満たされるなら喜んで働く」という、軍隊と戦場で学んだ秀哲な人間心理観察によるもの。

ボナパルトの勢いは、国外でもとどまることを知りません。マレンゴの戦い（1800年6月14日）では、オーストリア軍に大逆転勝利し、リュネヴィル和約を締結（1801年）。これで事実上、第二次対仏大同盟は瓦解し、単独で戦うことを余儀なくされたイギリスは、強硬派のピット首相が退陣したこともあり、こちらもアミアン和約を締結（1802年3月）。その間にはローマ教皇とも政教和約（コンコルダート）を締結（1801年7月）。教皇はボナパルトの執政政府を承認し、没収された教会財産の返還要求も取り下げ。聖職者についても、第一執政が任命した後に教皇が叙任。しかもフランス国家への忠誠を尽くすことが任命の条件になり、事実上の国家公務員化。内外の懸案を手早く片付けたボナパルトには、「もはや終身執政で良いのではないか？」という声が、そこかしこから上がってきます。そしてボナパルトは国民投票により終身執政に（1802年8月）。

しかしアミアン和約をわずか一年にして破棄（1803年5月）。来るべき対英戦の戦費調達のため、せっかく取り戻した北米ルイジアナ植民地をアメリカへ、それも二束三文の額で売却。これによって新興国アメリカは大西洋岸の小さな領域から抜け出て、本格的な大陸国家への道を歩み始めることになります。そのきっかけを与えたのは、ボナパルトの目先の資金繰りの結果でした。

フランスとの戦いを終わらせるには、もはやボナパルトを消してしまえばいい。そう判断したイギリスは、王党派をそそのかしてボナパルト暗殺計画を起こさせますが失敗。ここに「ボナパルトの死後も、その栄光と事業を完成できるような政体」を建て、ボナパルトを君主にという元老院の発議。ボナパルトは古代ローマのカエサルのような「皇帝」を希望。元老院はボナパルトを、「フランス人の皇帝」として決議。こうして革命の風雲児、稀代の英雄、でも実はコルシカ生まれのイタリア人が、フランス皇帝ナポレオン一世へ（１８０４年12月2日）。これ以後本人も、書類へのサインには「ナポレオン」とだけ記すように。多くの人名のように「ナポレオン・ボナパルト」の姓のボナパルトではなく、なぜ名の「ナポレオン」と呼ばれるのか。それはこの皇帝即位以後の呼称が、人口に膾炙した結果です。

コルシカ生まれのイタリア人と書きましたが、ボナパルト家をさかのぼると、フィレンツェ近郊の小貴族がコルシカ島に移住。そのコルシカ島は、フランスに売却されるまでジェノヴァ共和国領（１７６９年）で、ナポレオンが生まれたのは売却の半年後。日常会話は当然イタリア語で、ボナパルトも士官学校には、「ナポレオーネ・ブオナパルテ」とイタリア名で入学。名前の意味は「ナポリの獅子」。当初はイタリア語しか話せずに「外国人」呼ばわりされたことも。その血筋は明らかにイタリア人です。

しかしながら、もしコルシカ島がジェノヴァ共和国領のままだったら、ボナパルトは果たしてここまでの大物になったか？　イタリア史の専門家しか知らない、せいぜい有能な軍人・政治家どまりだったでしょう。彼が時代の風雲児、誰でも名前だけは知っている有名人となれたのは、やはり大国フランスがその活動の舞台となったから。**人がその持てる能力を存分に生かすには、身を置く環境も大事。自分の身をどこに置くかで、人生は全然違ったものになるのです。**

皇帝ナポレオン一世はイタリア国王も兼任（1805年5月26日）。これに諸国が激しく反発し、イギリス・ロシア・オーストリア・スウェーデンによる第三次対仏大同盟（1805年8月）。アミアン和約の破棄後、イギリス本土進攻を目論んでいたナポレオンはこれを断念し、北部ブローニュからストラスブールへ移動。その対オーストリア戦の一環として、仏西連合艦隊にナポリ港攻撃を命令。これを阻止すべくイギリス艦隊が動き、スペインはアンダルシア州カディス県、トラファルガー岬沖で両軍が激突。有名な「トラファルガー海戦」です。戦いはフランス軍の逃亡を防ぐために、ネルソン提督がネルソンタッチと呼ばれる二列の縦列陣を敷き、数に勝る連合軍を分断して、イギリス軍の完勝。しかしながらネルソンは敵の銃弾の餌食となり、「神に感謝する。私は義務を果たした」の名言を遺して、名誉の戦死。

これによって制海権とイギリス進攻を断念せざるを得なくなったナポレオンは、大陸での陸戦で挽回を期すことに。同1805年10月8日、ウルムでオーストリア軍を撃破したナポレオンはウィーン入城。同年12月2日、アウステルリッツでフランス軍対ロシア・オーストリア同盟軍による一大会戦が行われ、フランス軍圧勝。仏墺露、三人の皇帝が一堂に会した「三帝会戦」で、ナポレオンはトラファルガーの敗戦を取り戻して余りある大勝。「諸君が『私はアウステルリッツに参加した』と言えば、きっと『この人は勇者だ』という答えが返ってくるだろう」と、兵に向けて得意絶頂の演説。対して敗戦の報を聞いたピット英首相は「その地図を捨ててしまえ。今後十年は役立たない」と吐き捨て、このショックからか翌年持病を悪化させて急死。これで陸はフランスの、海はイギリスの支配が確立。ナポレオンはこの後、どのようにイギリスを締め上げていくかが課題に。

アウステルリッツの大勝後、ナポレオンは本格的にドイツ攻略に乗り出します。西部や西南部の中小の諸邦を、事実上のフランスの属国群となる「ライン連盟」に加入させて、これら諸邦は帝国から離脱。1806年、遂に最後の皇帝となったフランツ二世が退位し、オットー大帝の即位（962年）より約八五〇年続いてきた神聖ローマ帝国は、ここに終焉しました。なおフランツ二世はこれ以後、オーストリア皇帝フランツ一世となります。

今度はハノーファーを取り上げられたプロイセンが、英露と組んで第四次対仏大同盟を結び、フランスに宣戦布告。しかしフランス軍はイエナ・アウエルシュタットでプロイセン軍に完勝。そのまま敗走する敵軍を追ってベルリン入城（1806年10月14日）。11月6日に休戦条約を結ぶも、国王フリードリヒ・ヴィルヘルム三世は、東プロイセンに退いて抗戦の構え。その間、占領中のベルリンから、ナポレオンは「大陸封鎖令」を発布（1806年11月21日）。全てのヨーロッパ大陸の海岸線を封鎖し、イギリスとの交易は全面禁止。イギリスへの経済制裁に打って出ます。しかしこの大陸封鎖令、実際にはイギリスよりも、対英貿易で何とかしのいでいた諸国を苦境に陥れることに。フランス国内でも、ワインの産地ボルドーは対英輸出を禁止されて不満噴出。その後も、反ナポレオン感情が根強く残る地域に。一方ワインを輸入できなくなったイギリスでは、スコットランドの伝統的な麦芽汁蒸留法が見直されて、スコッチウイスキーが愛飲されるようになるという副産物も。

ロシアを後ろ盾として抵抗を続けるプロイセンを、ナポレオンは追撃します。アイラウの戦い（1807年2月）では、普露連合軍の前に二万五千の戦死者を出す苦戦を強いられるも、断乎たる処置。エルベ川以西の領土にポーランドを取り上げ、人口は半減。エルベ以西の領地は案の定、ナポレオン一族へ。ポーランド分割で地図から消えていたポーランドにワルシャワ大公国を建てて復活。これがティルジット条約です。

西の方では王家のお家騒動に乗じて、スペインを乗っ取ったナポレオン。兄ジョゼフをスペイン王に。しかしスペイン人たちは納得せず、ジョゼフ王と彼を守る義弟ミュラ将軍の部隊を襲撃。哀れジョゼフはマドリード退去の羽目に。この反仏暴動は瞬く間に全土へと波及。ナポレオンは仕方なしに八万の大軍をスペインへ。後年大きく後悔することになり、また史上でも「ナポレオン没落の始まり」とされるスペイン反乱（１８０８年）です。

落日のスペインなど一ひねりで楽勝、と当初は高を括っていましたが、しかしそのゲリラ戦術により、思わぬ苦戦を強いられます。そこでナポレオンはエアフルトで再度ロシア皇帝と会談し（１８０８年9月）、オーストリアを背後から牽制するように要請。１８０9年12月、ナポレオンは糟糠の妻ジョゼフィーヌと離婚。翌１８１０年4月、フランス皇帝ナポレオン一世とオーストリア皇妹マリア・ルイーゼ、以後フランス名でマリー・ルイーズとの結婚が実現。ナポレオンは遂に、コンプレックスでもあった自身の出自の低さに、ハプスブルク家という当代最高の高貴な血筋を入れることに成功しました。

ナポレオンの威令に反して、各地で相次ぐ大陸封鎖違反。懲らしめのためにオランダそしてハンザ諸都市をフランス領に。この動きに恐怖と警戒心を抱いたのが、ロシア皇帝アレクサンドル一世。遠いオランダはともかく、ロシアに近いハンザ諸都市の併合は気が不安を駆り立てます。今も昔もロシア人は、自国の近くに他の大国や敵対勢力が進出してくることを極度に恐れます。そしてロシアは国境付近に軍を集結。これをワルシャワ大公国から知らされたナポレオンも、スペインとロシアという二正面作戦の準備に。しかしこの時はタレイランとゴランクールの尽力で、ひとまずは衝突回避、矛を収めることに。

しかし、今やナポレオンは戦争マシーンと化していました。つまりある目的のために戦争をするのではなく、もはや戦争をすることそれ自体が目的に。理由や正当性などは後からこじつければいいと。ロシアによる大陸封鎖令違反は、そうしたこじつけにはもってこいでした。１８１２年６月22日、遂にロシア遠征開始。しかし結果は読者諸兄もご存じの通り、ナポレオンの大敗。ロシア進攻に臨んだ約五十万の大陸軍は、撤退時にはわずかに二万五千人。他は戦死もしくはロシア軍の捕虜に。

ロシアから敗走するナポレオン。翌１８１３年になると、３月16日にプロイセンが対仏宣戦布告。これを見て、ローマ教皇も一度は結んだ政教和約を拒否。ライン連盟諸国も立て続けにフランス軍から離脱。これに西進してきたロシア軍が合流。

1813年8月26日、墺露普瑞の四か国軍はドレスデンのフランス軍総司令部を攻撃。ここはフランス軍が連合軍の両翼をついて勝利。因みに瑞はスウェーデン（瑞典）です。しかしその後の追撃戦において、フランス軍はことごとく連敗。9月にはザクセンとバイエルンが寝返り。歴戦の勇将たちはことごとく戦死し、兵の大半は新兵。フランス軍の戦闘力低下は明らか。頼れるのはもはや、ナポレオンの天賦の才のみ。「余がいない所では、皆バカばかりやりおって！」こうしてナポレオンは、全軍を自らの指揮下に置き、そして一大会戦を決意。マレンゴ、アウステルリッツ、イエナ・アウエルシュタット。そうやってこれまでも大勝利を得てきた。今度もまた。そしてその地はライプツィヒに。

10月16日、ライプツィヒに会したのは四か国に加えてライン連盟諸国も合流した計三十五万の大軍。対してフランス軍は十五万。さしものナポレオンといえども、形勢不利は明らか。11月7日命からがらの体でライン川を越えてフランスへ。こうして一発逆転を目論んだライプツィヒ会戦、諸国民の戦いはフランス軍の大敗。ナポレオンの凋落はもはや誰の目にも明らかに。

11月9日、秘かにパリにたどり着いたナポレオンに、タレイランは今度こその覚悟で和平の注進。しかし自分の権力は勝利の栄光によってしか成立しないことを分かっているナポレオンは、戦いを選択。タレイラン、もはや観念してメッテルニヒ墺宰相やネッセルローデ露外相と秘かに通謀。

1814年1月1日、普露連合軍が東部国境を越えてフランスに侵入。オーストリア軍もまた単独で侵入。主力部隊はパリへ向けて一路邁進します。

その間にも戦後のフランスの体制について、様々な思惑や駆け引きが張り巡らされました。ナポレオンの体制を遺す、共和政、いっそのことブルボン家の復位など。しかしどの案も完全に定まり切らぬまま、ひとまず連合軍はパリを目指すことにしました。その後のことは、パリを獲ってしまってから考えればいい。パリ奪取を賭けたナポレオン軍との競争に勝ち、4月1日、連合軍がパリに入城。こうしてパリは、すんでのところでナポレオンの手から滑り落ちていきました。

13　タレイラン　「悪いのはナポレオン」でフランスを救った名外相

1754年2月2日、代々軍人を輩出してきた貴族の家に生まれたシャルル・モーリス・ド・タレイラン・ペリゴールですが、幼少期より右足が不自由であったため、嫌々ながら聖職の道へ。そんな望まない道なので、神学校に在学中も女優と浮名を流すなど、やりたい放題。同級生から陰口を叩かれてもどこ吹く風の平然たる態度。やがて友人の伝手で、ルイ十五世時代の外相ショワズール公爵の薫陶を受け、政界での出世が目標に。三十四歳の時、死に際の父のたっての願いをルイ十六世が聞き入れて、オータン司教に。その間にも至るサロンに顔を出し、政界進出へのコネ作り。のみならず博打三昧に貴婦人たちとの浮名。それでも三部会には聖職者代表となり、革命が勃発すると国民議会議長にも。そして聖職者民事基本法では、それまでの意見を一気にひっくり返して、教会財産の国有化に賛成。これにそれまでの素行の悪さが加わって、教皇ピウス六世により破門（1791年）。翌92年、イギリスに中立を守らせる外交使節としてロンドンへ。やっとの思いで中立させるも、もはや狂乱と化した革命に、再度亡命同然でイギリスへ。ルイ十六世との手紙のやり取りも発覚して、国民公会より告発。英政府から退去命令も受け、やむなくアメリカへ亡命。当地でも博打で一儲けしては大損するの繰り返し。やがてロベスピエールらが処刑されると、告発も取り消されて帰国（1796年）。総裁政府により外相に任命されると、直後にボナパルトと初対面。お互いを「自分の不足を補う存在」として認知。ブリュメール十八日のクーデタでは、ボナパルト担ぎ上げに一役。この時、ボナパルトから預けられたバラス買収費を、必要なしとなるや、臆面もなく自らの懐に。その後外相に就任すると、ナポレオンの軍事とタレイランの外交がヨーロッパを席捲。やがて戦争政策を巡って、皇帝ナポレオンとの間に徐々にすきま風。そしてロシア遠征、その後のライプツィヒでの大敗を受けても、なお戦争を止めようとしないナポレオンをとうとう見限り、メッテルニヒら諸国と通謀。そして臨時政府の主席として「敗戦国」フランスの代表として、連合国と渡り合う大役を担うことに。

ここまでのタレイランの経歴、博打・浮気・公金横領・寝返り…、と激動期ゆえ、いやそれでも眉根をひそめざるを得ない悪徳の数々。こんな経歴ですから、よほどの大成果でももたらさない限り、ただの悪人扱いですが、そのタレイランがよほどの大成果を残したのが、戦後の連合国との講和交渉の席でのこと。

連合軍がパリに向けて進軍中に、タレイランは既にポスト・ナポレオンのフランスに向けて動き始めていました。ロシア外相ネッセルローデと水面下で話し合いを重ね、以下の形式で声明文をまとめます。それは、連合軍君主は（一）ナポレオンとその家族を交渉相手としない、（二）かつてフランスの正統な国王の下にあった国土を全て尊重する、（三）フランス国民が自ら制定する憲法を承認し、保障する、（四）元老院がフランス国民にふさわしい憲法を制定するための臨時政府を指名するように勧告する。これによってひとまずフランスは、連合国による領土分割という最悪の事態を回避。ナポレオンを引っ込めさせ、ブルボン家を復位させ、しかしそこに憲法の枠をはめる立憲君主制の王国として再出発という見事な案。その後タレイランは、パリに入城してきたアレクサンドル一世とも会談。ツァーリはこの声明文に、（五）ヨーロッパの幸福のため、フランスが大国・強国であるべきという原則を主張する、という一文を追加。ただ一つ、各国の君主が抱いていた疑問点は、「ブルボン家で大丈夫なのか？　また革命が起こるのではないか？」という点。そこもタレイランは、「ルイ・カペーに連なるブルボン家の正統性によって、フランスとフランス国民は過去のフランスと繋がり、偉大なるフランスに戻ることができる。そして国王には憲法を承認させ、イギリスのような立憲君主制へ。それこそがフランスのみならず、ヨーロッパの秩序に適う」とツァーリに力説。同様に普墺両国の説得にも成功し、ナポレオン廃位とルイ十八世（ルイ十六世の弟）復位へ。一方のナポレオンも「ナポレオン二世と皇后の摂政が受け入れられるのなら、自分は退位する」と明言し、一時はこの案にツァーリも心が揺れますが、最後は結局タレイランの案に。ナポレオンは地中海の小島・エルバ島の君主となることが決まり、万事休す。領土分割を防ぎ、ナポレオン退位に成功し、フランスの伝統を回復し、なおかつ大国としての地位と面子を保つことに成功したタレイランの力量たるや、まさしく外交官の鑑。敗戦国でありながら、望外の利をフランスにもたらしたタレイラン。その人格はとやかく言われますが、この空前の大戦果の前にはそんな批判も何のその。その好き嫌いが分かれるのはやむを得ませんが、敗戦国となったフランスを救ったのは、紛れもない事実。**激動期においては、政治は高潔な人格よりも能力そして図太さが優先されることもあります。**

ボナパルトを追い出したタレイランは、臨時政府の首班として連合国との講和条約締結に奔走。ルイ十八世即位によって正式に政府の外相となると5月30日、連合国とパリ条約。領土要求をちらつかせるプロイセン、そのプロイセン強大化を警戒するオーストリア。こうした各国の対立を巧みに利用して、フランスの国境は1790年1月の革命戦争が始まる前に戻す、つまりは89年7月の革命勃発時よりも多くの領土を獲得。さらに連合国が戦ったのはナポレオンであり、国王と多くのフランス国民は連合国の、ヨーロッパの古くからの友人であるから、賠償金はなしにしよう。こうしてナポレオン一人に全責任を押し付け、フランスとフランス国民はヨーロッパと共にあるという理屈を押し通して、賠償金の支払いも一切なし。さらにナポレオンの占領地からの略奪品も返還なし。敗戦国の外相にもかかわらず、空前絶後の快挙。これはもちろんタレイランの手腕もさることながら、フランスにまだ戦えるだけの戦力があったから。いざとなればまた一戦交えるぞ、という覚悟。同時にフランスが大国であり続けることが、ヨーロッパの安定に寄与するというフランスの底力があったればこそ、タレイランは強気の交渉を進めることができました。タレイランの手腕とフランスの底力。どちらが欠けてもこの外交の大勝利はあり得ませんでした。

１８１４年９月、ウィーンで講和会議が始まります。ここでもタレイランは大活躍。そもそもこの会議では、英露墺普の四大国が取り仕切り、フランスは敗戦国としてオブザーバー参加で、発言権もなし。しかしタレイランはまず、四大国に対して小国が不満を抱いていることに着目。その小国の代表たちを晩餐会に招いて、「こうなさると良い」と外交コンサルタントのように助言（実際に金銭をせしめる悪どさ、いや図太さも発揮）。何なら貴国の立場をフランスが代わって四大国に主張してもよろしい、とまで。小国の代表たちはこの助言に従って、「我らもまたナポレオンと戦い、甚大な被害を受けたのだから、会議で国益を主張するのは、国家として当然の主権行使である」と述べ立て、いつの間にかフランスがそれら諸国の意見を集約する立場に。こうして会議に足場を築いたタレイランは、次は四大国間の利害対立に付け込みます。ロシアはワルシャワ大公国、プロイセンはザクセン王国、共にナポレオン側に立った王国の併合を要求。これにオーストリア、そしてバルト海沿岸が有力な取引先であるイギリスが猛反対。タレイランは会議の主宰者メッテルニヒと個別に会談。もしロシアとプロイセンの要求を認めれば、オーストリアは両国と直接国境を接する。これだけは避けたい。こうしてオーストリアを味方につけ、さらにイギリスも加えて三国で防衛同盟条約（1815年1月3日）。これにドイツ連邦諸国も加わって、露普両国の形勢は悪化。結局は要求を大幅に取り下げて、プロイセンはザクセンの一部だけ、ワルシャワ大公国はポーランド王国として独立し、国王はロシア皇帝が兼任という線で妥結。「会議は踊る、されど進まず」と揶揄されたウィーン会議も、こうして主要な案件は片付き、後は細かい問題を残すのみ。敗戦国フランスはいつの間にか五大国の一つとして公式に認知されます。さすが、負けても図太く勝ち残るフランス。まさにタレイラン外交の成果、ここに極まれり。となったところで衝撃のニュース。1815年2月26日、ボナパルトがエルバ島を脱走、一路パリを目指すというものです。

ボナパルトは監視役のキャンベル英大佐が愛人との逢瀬のためにイタリアに行っている隙を突いて、戦艦で脱出を決行。1815年3月1日、南仏のジュアン湾で「勝利は突撃と共に進んでいく。三色旗を纏った鷲は、鐘楼から鐘楼へと飛翔し、遂にはノートルダムの尖塔へと至るであろう」と、彼らしい大演説をぶち、行軍開始。王党派の強いプロヴァンス地方を避け、グルノーブル→リヨン→オータンと北上。その間に王政で冷や飯を食わされているかつての部下たちが続々と合流。フォンテーヌブローまで来た3月19日、ルイ十八世はチュイルリー宮を脱出。翌日、新聞には「皇帝陛下、本日パリへ到着」の大見出し。先発隊の「パリへの道は今や完全に開かれております」の一声で行軍を開始し、3月20日夜にチュイルリー宮へ到着。「グルノーブルまで、私は山師に過ぎなかった。グルノーブルで私は皇太子となった」（後の『セントヘレナ日記』より）。その皇太子は遂にパリに返り咲き、再び皇帝として君臨することになりました。

こうして皇帝へと返り咲いたナポレオンですが、再び戦争でヨーロッパに君臨、という考えはありませんでした。「私の統治手法は変わった。もはや戦争も征服もない。平和のうちに統治を行い、人民を幸福にしたいのだ」。しかし各国の君主たちにとっても、タレイランにとっても、もはやナポレオンは過去の人物。「今さら何を」というのが偽らざる本音。ナポレオンの嘆願に対する彼らの返事は、フランス国境への軍の集結。これを見てナポレオンも、「やはり一大会戦は避け難し」と、一代の英雄の血に再び点火され、フランス国内で兵を召集。辛うじて集まった十三万。しかし士気はこの上なく高い軍を編制して、連合軍を迎え撃つべく態勢を整えます。

その連合軍はやはり、足並みが揃わず進撃速度もバラバラ。その中で逸早くベルギーに軍を進めてきたのが、ウェリントン公爵率いるイギリス軍九万五千に、ブリュッハー将軍率いるプロイセン軍十一万七千。オーストリアとロシアは、ポーランドでもたもたしています。これならば、兵力は劣っても各個撃破できる。そう決断したナポレオンは、敵軍が揃う前に先制攻撃。1815年6月15日、天下分け目の一大決戦、ワーテルロー。しかし約半日を要した戦いは、グルーシー将軍の機転の利かなさと、勝負所で決断できなかったナポレオンの「天才」の終焉もあり、英普軍の勝利。やはり十か月のエルバ島配流が稀代の英雄から勝負勘を奪ったか。ことごとく後手に回った采配で、人生最後の一大会戦に痛恨の敗北を喫し、パリへ退却。ナポレオン最後の戦いは、何とも悔いの残る苦い敗戦。

こうしてルイ十四世時代からの「第二次百年戦争」と呼ばれる長い戦いも、今回はイギリスの勝利。最大の要因は資金調達力の差。イングランド銀行を開設して、国債発行などで大量の資金調達が可能となったイギリスに対し、戦争の度に自転車操業で資金集めをせざるを得なかったフランス。この差が如実に現れました。

14　王政・共和政・帝政　あてどなく彷徨うフランス

一度エルバ島で骨抜きにされた勝負勘は最後まで戻らず。退位を認め、せめてイギリスへの政治亡命をと望むも認められず、大西洋上の孤島セントヘレナ島への島流し。こんな大物をヨーロッパの近くに置いたのでは、またいつ何時騒乱を起こすか分かったものではない。エルバ島脱出からワーテルローの敗戦、そしてセントヘレナへの島流し。百日の天下はこれにて終わり。ボナパルト復活の目は完全に閉ざされ、当地で死去（１８２１年）。フランスは再度ルイ十八世が復位。そして戻ってきたタレイランを首班とする政府が成立します。

国王処刑によって、国の根幹をなす「大事な何か」を失ったフランス。それをしばしの間埋め合わせていたのが、ナポレオンという巨大なカリスマ。しかしそれもまた失われると、フランスは再び混乱に陥ります。そうした中、ルイ十八世、続くシャルル十世はもはや時代錯誤ともいえる反動政策。王権神授説、絶対王政の復活など、もはや受け入れられない主張を言い出し、国民のみならず、一部の貴族たちからも不満続出。１８３０年３月、内閣不信任案が可決されると、シャルル十世は議会を解散。目を外に転じさせるためにアルジェリアに派兵。以後百年続くことになるアルジェリア問題の発端。7月5日にアルジェを占拠するも、選挙は反政府派が勝利。シャルル十世は憲章にある非常大権を行使するも、野党や新聞は一斉に反発。パリ市内の至る所にバリケードが築かれ、警察や軍隊と衝突。自由派はラフィット邸を作戦本部に、まだ生きていたラ・ファイエットが国民衛兵総司令官に就任し、ラフィット中心にパリ市委員会を組織。事実上の臨時政府。パリ市庁舎やノートルダムを巡る激しい争奪戦が繰り広げられます。しかし自由派には共和派・ボナパルト派、さらには正規軍からの寝返りも加わって、一気に形勢を有利に。7月29日、ルーヴル宮にブルボン家の白旗と百合に代わって、三色旗を掲げることに成功。シャルル十世はヴェルサイユからそのまま亡命。この「栄光の三日間」と呼ばれる激しい市街戦によって、ブルボン家は再び打倒され、その分家となるオルレアン家のルイ・フィリップが即位して、七月王政が成立。片方の乳房が露わになった女性が、三色旗を掲げて先頭に立つ、ドラクロワ作『民衆を率いる自由の女神』。あの有名な作品は、この時の「栄光の三日間」の激戦が題材となっています。

１７７３年生まれのルイ・フィリップ王（１８３０～４８）は、王族でありながら当初フランス革命に熱狂。傍系の生まれだけに、「どうせ王にはなれない」とでも思っていたか。ヴァルミーの戦いにも従軍して、兵士たちからは「エガリテ（平等公）」とあだ名されるほどでしたが、ネールウィンデンの敗戦（1793年3月18日）で、司令官と共にパリ進軍・共和政転覆を目論み、これが兵士たちに露見してオーストリア軍に逃亡。その後、スイスで学校教師、そしてアメリカに亡命。血筋の他に、こうした経歴が好まれたか。下院は8月7日に「フランス人の王」と宣言。8月9日にブルボン宮で即位式。憲章を遵守することを宣言。ルイ十八世のように聖油も行わず、馬車からは王権の象徴であるフルール・ド・リスを消し、自身の住まいであるパレ・ロワイヤルを一般公開することも発表。より国民に近い王として即位します。

ルイ・フィリップ王は即位の流れから「国民王」を名乗り、大革命以降の相次ぐ混乱と戦争で、まさにズタズタに分断されたフランス国民の融合を図りますが。同時に「株屋の王」「ブルジョア王」なる異名もあります。彼を国王に担ぎ出したのは、ラフィットはじめとする金融家や大資本家たち。対して中小規模の工場や農業・家内制手工業などは、経営も労働環境も賃金も劣悪極まる有様。そのような社会状況下で、サン・シモン伯爵という人が、サン・シモン主義という社会変革プラン、世直し策を主張します。「産業を発展させることで富を増やし、民衆の生活水準を向上させること」であり、そのために科学技術を発展させ、やがてはその合理性が政治をも変えていく、とするものです。この考えは、「資本家と労働者は決定的に対立して革命が起こる」としたマルクス主義とはまるで正反対で、マルクスはこのサン・シモン主義を「ユートピア」「空想的社会主義」とこき下ろしています。

しかしこうした思想が出てくるのは、裏を返せばそれだけ社会の分断が深刻であったことの証。1831年の選挙法は、有権者資格を直接税納入額二百フラン、被選挙権は六百フランとしました。当然不満が出るも、有力政治家フランソワ・ギゾーは、「だったら勤労と節約で金持ちになれ」。ある意味では分かりやすいぐらいの、金持ち優遇姿勢。マリー・アントワネットの「パンがなければケーキを…」は造語ですが、このギゾーの発言は紛れもなき事実です。

こうした一触即発の危機をはらみながらも、七月王政下でフランスの産業革命は緩やかな飛躍を始めます。1832年、リヨンと中南部の鉱山都市サンテティエンヌ間に最初の鉄道が開通。その後、パリ・ヴェルサイユ間（1837年）、1845年には大金融家ロスチャイルド家の出資により、北部鉄道会社が設立され、本格的な鉄道事業拡大が始まっていきます。

フランス経済の根本は農業ですが、それでも産業の進展は、農村から工場労働者となる人々を、都市へと流入させます。こうした急速な人口膨張にまだ都市機能が追い付かず、これら労働者たちの住・労働環境は劣悪を極めます。特にもともと劣悪だったパリの住環境は、さらに拍車をかけて劣悪となります。こうした惨状を、反政府系の新聞は書き立て、反政府派の議員は政府批判を強めます。これに対する政府の姿勢は、前述ギゾーの「金持ちになれ」に象徴される如く、大資本・富裕層優遇ですから、必然的に対立は深まります。そこにジャガイモや小麦の不作（１８４５～４６）と政治家や高級官僚の汚職が追い打ちをかけ、最後のとどめはイギリスの経済恐慌の煽りを受けた金融パニック。こうして再び、フランスは革命前夜の不穏な情勢に。

１８４８年2月23日、パリ・カピュシーヌ街にあるギゾー邸前での改革集会で、参加者の一人が興奮して発砲。それに警備兵が反撃の一斉射撃を加えて、二十人ほどの死者が出る惨事に。この報せが瞬く間に広まって、パリ全市で暴動に発展。政府は暴動鎮圧のために軍の出動を決めますが、パリの国民衛兵隊は命令を拒否して、デモ隊の味方に。激しさを増す一方の暴動に身の危険を感じ始めたルイ・フィリップ王は、残る軍に徹底鎮圧を命じますが、その彼らもまともにデモ隊と対峙する気なし。とうとう家族に迫られる形で退位を宣言し、イギリスへ亡命（2月24日）。翌25日、社会主義者ルドリュ・ロランや詩人ラ・マルティーヌらを中心とした臨時政府が成立して、共和政を宣言。ここにオルレアン王政は倒れ、新たに第二共和政が始まることに。大革命以降のフランスは、共和政→帝政→復古王政→七月王政また共和政と、これだけ体制が変わってよくぞ存在していられるな、というほどの目まぐるしさです。この革命はフランス二月革命と呼ばれますが、この革命もまたもやフランスだけに留まることなく、ヨーロッパ全土に波及。ウィーン・ベルリン・ミラノなどに波及した革命は、総称して1848年革命と呼ばれます。

二月革命で成立した臨時政府は、労働者たちが結集した時の恐ろしさをまざまざと見せつけられたため、懐柔のために労働者救済に力を入れます。国立作業場。これは失業者に工事現場などの仕事を割り振り、対価は一日二フラン。仕事がなくても一・五フランもらえるため、登録する労働者はうなぎ登りに。しかし選挙法改正で成立した保守派の政権が、財政圧迫を理由として国立作業場を解散。これに怒った労働者たちがまたも蜂起。「六月蜂起」と呼ばれるこの蜂起、そのスローガンは「パンか銃弾か！　自由か死か！」。当然、政府は銃弾による弾圧に。いやはや政府も民衆も、フランス人は本当に激しい人々です。この蜂起を鎮圧したのが、アルジェリア戦争で名を上げた軍人、カヴェニャック将軍。そのまま政府から全権委任されます。

またも労働者の激しい蜂起を見せつけられた議会では、党派を超えて「秩序党」を結成。これにカヴェニャック将軍の軍事力が加わり、11月4日第二共和政憲法が採択。続いて12月10日に大統領選挙。ここで当選したのが、ルイ・ナポレオン。かのナポレオン・ボナパルトの甥。今なおフランス人に絶大なる知名度を持つ「ナポレオン」の名によって圧勝。

しかしドイツ語訛りのフランス語や、あまりパッとしない見映えもあって、各派からは「体よく扱える薄らバカ」という舐めた扱い。がしかし、このルイ・ナポレオン。実はそんな周囲の思惑を超える、かなりの曲者でした。

１８０８年4月20日、ルイ・ナポレオンは皇帝ナポレオンの弟ルイとその妻オルタンスとの間にパリで生まれます。オルタンスはナポレオン・ボナパルトの妃ジョゼフィーヌが、前夫との間に生した人。その両親は二歳の時に離婚し、以後は母の手一つで育てられることに。ナポレオンが失脚し、ブルボン復古王政の世となると、親子は国外追放処分となり、母の兄ウジェーヌの支援を得てスイスのアレネンベルクに落ち着くことに。ドイツ語圏スイスで幼少期を過ごしたことで、ルイ・ナポレオンのフランス語は終生ドイツ語訛りが消えず、度々「外国人」と揶揄されました。やがてスイスの砲兵学校に入学し、軍人としての道を歩み始めながら、「いつの日か自分はフランスの支配者となるであろう」という、実情を考えればまるで根拠のない自信と確信を抱いて過ごす日々。１８３０年、七月革命の報を聞くと、祖国への帰国の期待を持ちますが、続くオルレアン王政のルイ・フィリップ王も、ボナパルト一族の追放を法律で決定。母と共にローマに向かうも、そこからも追放処分。この時イタリア独立を目指す秘密結社、カルボナリ（炭焼き）党との接触、活動あり。その後ボローニャ一気にも加わり、フランス・ローマ教皇庁・オーストリア、三つの当局からのお尋ね者に。良くも悪くも大物。ロンドン経由でアレネンベルクに戻ると、

『政治的夢想』という初の著書を著します。「自分は共和主義者だが、フランスを治められるのは帝政のみ」。やはりナポレオンの血は争えない。その後再びロンドンで各国からの亡命者たちと接触・会合。産業革命を経て今や最先進国となったイギリスの、その光と影を垣間見て、やがて前述のサン・シモン主義に傾倒。一方で「名前は大物だが、自分はまだゼロ。しかしセントヘレナから射してくる光にもう一度照らされるよう、自分を高く持す」と、髀肉の嘆をかこちながらも、偉大なる伯父の栄光を再びという矜持もあり。やがて伯父ジェロームの娘マチルドと婚約。ようやく落ち着くかと思われた矢先の１８３６年10月30日、ストラスブール一揆を起こして失敗し、逮捕・投獄。母の嘆願により特赦を与えられ、アメリカへの国外追放に。この時の尋問で「友人らは私に引き入れられただけで、最も罪が重いのは私だ」と、仲間をかばう統領らしい立派な態度。しかしながら婚約は当然のごとく破談。ニューヨークで無頼な生活を過ごす中、「母、危篤」の報を受け、急ぎスイスへ戻り、最愛の母の最期を看取る。その母の遺産を使って、ロンドンでの社交生活。そこで『ナポレオン的観念』を著す。内容は、フランスには強力な指導者たる皇帝の存在が不可欠、とするもので、六か国語に翻訳されるベストセラーに。１８４０年、今度はブローニュ一揆。しかしまたも失敗して、逮捕・投獄。ここでも「責任は自分一人にある」とあっぱれな態度を示すも、父ルイからは「私に息子はもういない」と、事実上の勘当宣言。収監されたのは、かつてジャンヌ・ダルクも収監された、ソンム川沿いのアム要塞。ここで一念発起して、後に「アム大学」と称されるほどの猛勉強に励み、『貧困の根絶』

という自身の代表作を著す。産業を発展させることで労働者を貧困から解放し、その労働者が皇帝を支えるという体制が理想であると主張。1845年、父ルイの危篤に一時釈放を願い出るも、許可が下りず。それならばと、出入りの職人に扮装して脱獄。ブリュッセルを経てロンドンへ。この小説のような脱獄劇は、一躍社交界の話題に。やがて浪費が過ぎて両親の遺産を食いつぶし困窮するも、ミス・ハワードという富豪の未亡人と恋仲となり、その支援で持ち直す。そして1848年の二月革命。ルイ・フィリップ王は退位・亡命し、七月王政は崩壊。しかし数々の修羅場を潜り抜けた経験から、今度は短兵急に事を起こさず、情勢が落ち着くまでしばしロンドンで待機。9月の補欠選挙に立候補し、ロンドンに居ながらにして当選。やはり「ナポレオン」の名が持つオーラは凄い。満を持して帰国し、初登壇の議会で演説。しかしそのドイツ語訛りのフランス語、しかも緊張でどもりながらの演説は、議員らの嘲笑の的に。しかし禍転じて福と為したか、「こんな無能な奴なら大丈夫」とこれで追放処分が解除に。そして12月の大統領選挙に立候補。ここでも「ナポレオン」の名前が最大限に効力を発揮して当選。「いつの日かフランスの支配者に」という夢想？　は遂に現実のものとなりました。

しかしながら大統領選挙の半年後（1849年5月）に行われた国民議会選挙では、かつての王党派中心の秩序党が四百五十議席、社会主義者中心の左派が二百十議席。議会に全く基盤のないルイ・ナポレオンの頼りは、その「ナポレオン」の名が放つ圧倒的なオーラのみ。秘かに決意したルイ・ナポレオン。1851年12月2日、クーデタ決行。翌52年11月、国民投票でフランス帝国の再建が承認。そして12月2日、偉大なる伯父のアウステルリッツ大勝利、一年前の自身のクーデタ成功と同じ日に、皇帝ナポレオン三世として即位。ほんの七年前まで監獄の囚人であった男が、今やフランス皇帝へと上り詰めて第二帝政が始まり、第二共和政は議論のための議論と相次ぐ市民の蜂起に明け暮れて、わずか四年の短命に。

名誉のために言っておきますが、ルイ・ナポレオン改めナポレオン三世は、ただの権力亡者ではありません。彼には権力を握った後、「フランスをこういう国にしたい」というビジョンがありました。それは前述のサン・シモン主義の影響も受けた著書『貧困の根絶』にも書いた通り、産業を発展させることで労働者を貧困から解放し、豊かな産業社会を作り出すこと。その労働者たちが皇帝を支える一君万民体制によって、フランスを再びヨーロッパの強国にする。これがナポレオン三世の目指したものです。鉄道網を拡大普及させた金融制度の整備もフランスの産業革命を支え、第二帝政下のフランスは、経済面でかつてないほどの繁栄を迎えます。

経済は発展、政治は安定。となれば、あとナポレオン三世に足りないものは、偉大なる伯父のような外交・軍事面での栄光。ナポレオン三世は、やはりロシアの南下を嫌うイギリスのパーマストン首相と共に、オスマン帝国側に立って、対ロシア宣戦布告。クリミア戦争と呼ばれる、ナポレオン戦争以来となる、三つ以上の大国が関わる国際戦争へと拡大。

ナポレオン三世は伯父ナポレオン・ボナパルトとは違い、仏英協調路線を採って、大陸で覇権奪回を狙うという戦略。クリミア戦争はこの後、仏英側にイタリア統一を目指すサルデーニャ王国もが加わり、有名なセバストポリ要塞攻略の激戦を経て、仏英側が勝利。戦後、パリで講和会議を主宰して、フランスがヨーロッパの盟主に返り咲いたことを満天下に誇示。

ナポレオン三世の、内政面での最大の功績の一つは、パリ大改造。セーヌ県の知事にジョルジュ・オスマンを任命して、自分の計画構想を事細かに伝えて断行。上下水道を整備し、パリの負の名物であった汚物の垂れ流しや、セーヌ川の悪臭を改善。さらに地上げも含めた区画整理により、東西南北の大通り、環状通りを建設。曲がりくねった道は真っ直ぐな大通りに作り替えられ、道路の舗装もアスファルトにして、度重なる革命や暴動の度に当局の手を焼かせてきた、民衆によるバリケード設置も困難に。凱旋門を中心に四方に伸びる大通り、シャンゼリゼ通り、オペラ座など、現代私たちが目にする「花の都パリ」の原型はこの第二帝政時代に始まり、続く第三共和政時代にほぼ完成しました。

1859年からの第二次イタリア統一独立戦争では、サルデーニャ王国首相カヴールとのプロンビエールの密約を結び、イタリアのオーストリアからの独立・統一を後押し。密約通りにニースとサヴォアをフランスに編入。

このナポレオン三世の時代に、フランスはイギリスに負けじと、世界各地での植民地獲得に乗り出します。北アフリカでは既に植民下に置いていたアルジェリアに続いて、チュニジア・モロッコ・セネガルを、アジアではコーチシナ（ヴェトナム）・カンボジア。1856年にはアロー号事件によって、仏英共同で清国を攻撃し、1860年北京を占領して、以後中国大陸各地に租借地を獲得。しかしメキシコには、オーストリアのマクシミリアンそそのかして皇帝として送り込むも、現地ゲリラに射殺されるという失態。日本との関係では、1858年に日仏修好通商条約を締結し、幕末の政局では徳川幕府に肩入れ。フランスの支援も得て、幕臣・小栗上野介が建設を推進した横須賀製鉄所は、後の明治の富国強兵の一助に。ただし駐日公使レオン・ロッシュは、本国の命令を度々逸脱して幕府に肩入れしすぎ、本国政府から大目玉を食らうことに。また映画『ラストサムライ』で、主演トム・クルーズが演じたネイサンは、フランス軍事顧問団として来日し、箱館戦争で榎本武揚ら共に戦ったフランス人大尉、ジュール・ブリュネ氏がモデルです。

ナポレオン三世の栄光がその頂点に達したのは、1867年のパリ万博。同年4月1日

～10月31日の開催期間中には、千七百万人の入場者と三百十三万フランの黒字を計上し、フランス帝国の威信を内外に見せることに成功します。ナポレオン三世は期間中の演説で、「ここには地球上のありとあらゆる富の見本が集められている」と豪語。この万博には、日本も初参加しています。しかし幕府だけではなく薩摩藩も出展し、「日本の代表は幕府か、薩摩か」で一問着となり、結局は両者が出展することに。薩摩はこれで名を上げますが、対して幕府は「本当に日本の正統な政府なのか？」と権威が失墜。またこの時、幕府使節団の一員として渡仏し、ナポレオン三世の演説をその場で聴いていた渋沢栄一は、「皇帝は多少自惚れが過ぎるきらいがあるが、その気概は大したもの。まさかこの皇帝が、ほんの数年後には…」と後年に回想。ともかくも、この「帝国の祝祭」と呼ばれたパリ万博の大成功で、ナポレオン三世の威信は頂点に。

陽極まれば陰に転ず、と言いますが、第二帝政の下、繁栄を謳歌するフランス、我が世の春を満喫するナポレオン三世に、その陰がひたひたと迫ってきます。既述したメキシコでの汚点もそうですが、もっと大きな脅威は大西洋の向こう側ではなく、すぐお隣にありました。そうドイツ、いやこの時はまだプロイセン。そしてプロイセン王家によるスペイン王位継承問題が発端となって、両国関係が一気に緊張。

結局この話は流れましたが、なお安心できないフランスは大使がプロイセン王の保養地エムスに出向いて、言質を取ろうと躍起。あまりの執念深さにプロイセン王は「もう話すことはない」と一言。そしてこの件をビスマルクに電信で連絡。ここでビスマルク、国王からの電信に少しばかり手を加えて改ざん。その後の内容は、プロイセン側には「仏大使が国王に無礼な態度で求めてきた」、フランス側には「自国の大使が国王に侮辱された」とそれぞれ解釈できるような挑発的な内容となり、これが新聞に公表されると、両国の世論は一気に沸騰。双方で「戦争だ！」と開戦世論が高まります。

煮えたぎる世論とは裏腹に、ナポレオン三世は「今戦っても勝てない」ということを分かっていました。しかしこれまでの荒淫が祟ったか、ナポレオン三世は体調最悪で気力も減退。ウージェニー皇后や閣僚たちの好戦ムードを抑え込むことができませんでした。結局、周囲に押し切られる形で、プロイセンに宣戦布告（7月19日）。普仏戦争が始まりますが、相手はプロイセン単独ではなく北ドイツ連邦の諸邦や、バイエルンなどの南ドイツ諸邦も盟約によって参戦していますので、実態としては仏独戦争です。

戦況は案の定、皇帝の懸念した通り、開戦当初からプロイセン軍が圧倒。モルトケ参謀総長の立案による鉄道による軍の輸送が、開戦から寸分の狂いもなく機能し、各地でフランス軍に連戦連勝。哀れナポレオン三世もその列に名を連ねる羽目に。翌9月3日、付近の農家でナポレオン三世とヴィルヘルム一世・ビスマルクが会談、そして降伏。ここで第二帝政は事実上崩壊します。

しかし皇帝が捕虜となっても、誇り高きフランス人たちは諦めません。9月4日、立法議会は帝政の廃止と共和政を宣言。リヨン方面ではイタリア統一の英雄ガリバルディが、現地の公安委員会の求めに応じて義勇軍を率いて参戦。ナポレオン三世のことは嫌いながらも、「私の残りをフランスに与えに来た」と宣言。ゲリラ戦を展開してプロイセン軍の手を焼かせます。

しかし戦争の大局はもはや決しています。あとは休戦協定の締結ですが、ビスマルクは、臨時国防政府と交渉開始。1871年1月28日、臨時国防政府の外相ジュール・ファーヴルとの間で、パリ降伏と三週間の休戦協定を妥結。ほぼその直後に、皇帝特使デュヴェルノワが到着。ビスマルクは彼の名刺に、「クレマン・デュヴェルノワ、二十分遅かった」と書きなぐります。ウージェニー皇妃の出しゃばりがなければ、ナポレオン三世と第二帝政はもう少しだけ延命できたか。いや、捕虜なった皇帝に、もはやフランスを治めていくだけの力はなかったでしょう。こうして普仏戦争、いや仏独戦争はプロイセン軍の圧勝で終わり、フランスの隣にはドイツ帝国という強力な国家が誕生しました。ナポレオン三世は帰国が叶わず、亡命先のイギリスで死去します（1873年）。

７１年2月、国民議会選挙が行われ、もはや国王はいないにもかかわらず、王党派が勝利します。フランス人の深層心理にはやはり、「国王がいた頃は良かった…」という郷愁があるのでしょう。大革命以降のフランスは、政体がひっきりなしに変わり、混乱が日常のような有様ですが、それでも生き残っているのがフランス人の図太さ。さて選挙の結果、王党派の一派であるオルレアン派のアドルフ・ティエールが首班となり、ドイツとの講和条約に臨みます。７１年２月26日に締結された仮講和条約は、賠償金五十億フランにアルザス・ロレーヌの割譲。賠償金は当初六十億フランでしたが、十億フラン値切ることに成功。アルザス・ロレーヌは１６４８年のウェストファリア条約により、フランス王国に編入。その後も度々帰属が変わりますが、文化的にはフランス文化よりドイツ文化の色が濃く、住民の帰属意識は曖昧。ややドイツが優勢か。それでも石炭と鉄鉱の産地でもあることの両州の割譲は、経済的にも痛手。しかし国内は和平を望む声が圧倒的。３月１日、議会はこの仮講和条約を承認。以後フランスにとっては、アルザス・ロレーヌの奪還が国を挙げての悲願に。

負けたことは確かに悔しいが、今はぐっと堪えて矛を収めて、ひとまず和平を、というのが臨時国防政府、そして大多数の国民の意思表示となりました。しかし一部に、この屈辱的講和にどうしても我慢ならない人たちがいました。これが地方でデモをやっている程度であれば、それほど大事にもならなかったのでしょう。しかしその人たちは、よりにもよって首都パリにいました。臨時国防政府の下、パリを包囲するドイツ軍に対して、籠城して戦ってきた国民衛兵や武装市民たちです。政府首班のティエールは、政府をヴェルサイユに避難。無政府状態となったパリでは、市民たちによってコミューン議会選挙が行われ、3月28日パリ・コミューンの成立が宣言されます。相変わらず、落ち着くということを知らないパリ、そしてフランスです。

パリ・コミューンは史上初のプロレタリアートにと言われていますが、発端は対独講和を認めない性懲りのなさです。その実態は社会主義者、共和主義者、王党派、ブルジョアと玉石混交。ただ一つ、彼らを結び付けていたのが反ドイツ・反政府。政府側も、これが地方都市でのことなら、何の遠慮もなく軍隊を投入して鎮圧したのでしょうが、舞台となったのがもはや世界の耳目を集める花の都パリであるため、諸外国の目や世論を観ながら慎重に対応します。そのためにこのパリ・コミューンは二か月も続くのですが、事実上パリだけが陸の孤島となっている状態で、当然ながら政府軍との間には圧倒的な装備の差がある中で、よく続きました。しかしながら政府側の軍再編制が終わり、籠城に対する兵糧作戦も効き始めてきた5月21日、政府軍がバリケードを突破して進軍開始。しかしコミューン側も簡単には降伏せずに抵抗し、「血の一週間」と呼ばれる凄惨な戦闘が続きます。コミューン側の死者三万、投獄者四万三千五百。対する政府軍の死者は千人。凱旋門には今も、この戦闘時の弾痕があります。こうしてパリ・コミューンは鎮圧され、やっとのことで政府は避難先のボルドーからパリに戻り、ティエールを大統領として、第三共和政が始まります。

15　第三共和政　とにかく打倒ドイツ！

といっても第三共和政憲法が制定されるのは1875年で、コミューン鎮圧から少し間が空きます。この間はまたも、王党派と共和派との間で激しいつばぜり合いが繰り広げられます。自身オルレアン王政派ながら、「もはや王政復古は現実的ではない」と考えていたティエール大統領は、1875年1月30日、国家元首選挙に関するヴァロン修正案を三百五十三対三百五十二の僅か一票差、薄氷を踏む思いで可決。この法の中で共和国大統領という用語を用いて、その大統領に立憲君主のような役割を演じさせる、よく言えば巧妙、悪く言えば詐欺のような手法で、ともかくも第三共和政憲法を可決。なお共和派とオルレアン王政派との間に波乱の種を抱えますが、ひとまずは第三共和政が本格的に始まります。

この間の1872（明治五）年11月～73（明治六）年2月まで、日本の岩倉使節団がフランスを訪れています。その一行中の一人、久米邦武が帰国後に記した『米欧回覧実記』の中に、この当時のフランスについて記した箇所があります。その中でフランス人の

性情を、

「性格は活発で気力が強い。欠点を言えば無謀で軽はずみなところがあり、忍耐や努力ということについては不得手」

「進取ということについては鋭敏だが、じっくり構えて対処することには劣る」

「しばしば決まった路線は外してしまい、節制することが難しい」

「**英雄的で大戦略を持っているような帝王や将軍が指揮を執れば、その軍隊の鋭鋒は無類のものとなり、**ヨーロッパ全土を虎視眈々と窺うようなこともある」

「**しかし統御力が少し弱るとたちまち結束がばらばらになり、収拾できないようになる**」

（現代語訳『特命全権大使　米欧回覧実記３』慶應義塾大学出版会　より）

と、やはりカリスマ的なリーダーの下でないとまとまれない、フランス人の我の強さ、まとまりのなさ、しかしながら一旦危急存亡の秋ともなれば発揮されるその激しさを的確に突いています。使節団一行が訪れた時は、戦争とパリ・コミューンによる緊迫が少し落ち着きを見せ始めた時で、凱旋門の弾痕も修復中でした。

革命と戦争の繰り返しで混乱極まりなかったフランスは、やはりしばしの休息を必要としていたのでしょう。オポルチュニスト（日和見派）が中心となって、第三共和政体制の足場固めが進められていきます。この頃になると、あの大革命も冷静な目で見つめられるようになってきます。あの革命は特に支配層には、「市民の中の過激派がやらかしたことだ」という蔑んだ見方がありました。しかし共和派にとっては、あの大革命の否定は自らの存在そのものの否定と同じで、すぐさま王党派やボナパルト派に取って代わられてしまいますから、革命の成果を肯定的に社会に落とし込んでいく手法を取ります。１８８０年7月14日、あの大革命から九十一年経って、革命の象徴であった三色旗が国旗に制定されます。現在の三色旗です。同じく革命歌であったラ・マルセイエーズが国歌に、そしてバスティーユ襲撃の7月14日が国民の祝祭日となります。フランスでは単に「キャトールズ・ジュイエ」、7月14日と呼ばれていて、通称はパリ祭です。これで第三共和政そして現在のフランス共和国は、あの大革命の延長の上に成り立ち、革命とその理念はフランス国民が共有する歴史的記憶として扱われることとなりました。

また初等教育の無償化（１８８１年）、世俗化と義務化（８２年）も決められ、全国一律の初等教育が行われるようになります。この時期になっても、例えばブルターニュのブルトン語をはじめとする各地方の言語が、その地方では第一言語となり、全国でいわゆる「標準」フランス語が通用するというには、程遠いのが実情でした。外交では共通語の地位を得て、外国の貴族が「フランス語を話すことは貴族の最低限の教養」としているのと比べると、何とも皮肉なものですが。それと同時に、教育からカトリック教会の影響を排除していきます。大国ではありますが依然として農業が主体で、工業化という点ではイギリス、それどころか新興のドイツやアメリカにも抜かれているフランスが、産業をさらに発展させていくためには、キリスト教の影響を脱した世俗・近代教育によって国民の教育水準を上げていくことが必須でした。こうして第三共和政期を通じて、現在のフランス共和国に連なる共和政体が固まっていきます。

それでもまだ、たまにはねっ返りが出てきます。1886年、ジョルジュ・ブーランジェ将軍が陸相に登用されます。ある警官のドイツスパイ容疑で対独強硬論を唱え、一躍時の人となるも、「いざ将軍を大統領へ！」となると、急に腰砕けとなり愛人と亡命。その後のブーランジェは肺炎で死去した愛人の後を追うように、その墓前で拳銃自殺（1891年）。ほんの一時の、兵どもが夢のあと。何とも締まらない形で幕引きとなった「ブーランジェ事件」でした。

続いて、やはりドイツのスパイ容疑に絡む事件が起こります。1894年、フランス軍のアルフレッド・ドレフュス大尉が、軍機をドイツに漏洩した容疑で逮捕されます。やがて冤罪が明らかとなるも、軍上層部が面子にこだわって認めることを拒否。この人がユダヤ系であったことが事態を複雑にして、国を二分するほどの大論争に。結局、裁判で有罪となるも、大統領特赦により釈放という政治的解決。ドレフュス大尉の名誉回復は190

6年になされます。

ブーランジェ事件・ドレフュス事件に出てくる共通のキーワードは、「ドイツのスパイ容疑」。仏独戦争以後、フランスにとっての最大の敵国にして仇は、もはやかつてのイギリスからドイツになっていました。対独復讐、アルザス・ロレーヌ奪還。これが十九世紀最後の三十年間、フランスを突き動かすエネルギーになります。そのドイツは、宰相ビスマルクの巧妙な外交手腕によってフランスを封じ込め、その復讐心が向かってこないように腐心。しかし1888年、ヴィルヘルム一世が死去し、在位三か月のフリードリヒ三世を経て孫のヴィルヘルム二世が即位すると、情勢は一変。宰相ビスマルクと意見が対立した二世皇帝は、いともあっさりとビスマルクを解任。さらにロシアとの再保障条約を更新せず、ビスマルクが築いてきた対仏包囲網に穴。これを見逃すことなくロシアに接近し、仏露同盟締結（1894年）。「共和政のフランスが、ツァーリ専制のロシアと組むのはいかがなものか」という意見もありましたが、いざとなったら建前の主義主張よりも国益。かつてはムスリムのオスマン帝国と結んでカール五世を挟撃し、三百年来の宿敵ハプスブルク家と結んでフリードリヒ大王を攻め、今度はツァーリ専制のロシアと組んで宿敵ドイツを挟み撃ち。国益と生き残りのためなら、主義主張の異なる相手と組むことすら、時に厭わない。**きれいごとだけではない、フランスの図太さの真骨頂発揮です。**

ビスマルクによって外交的には孤立を強いられていたフランスですが、では二流国に転落したのか？　とんでもない。その逆にフランスの文化は眩い光りを放っていました。ビスマルクはベルリン会議（１８７８年）からフランスを締め出しましたが、その会議の公用語はフランス語でした。フランス語はいまだに、各国の王侯貴族や上流階級、為政者にとっては最低限の教養、という地位を守っていました。またパリが「花の都パリ」となったのは、まさしくこの頃です。１８８９年のパリ万博に合わせてエッフェル塔が完成しており、これで現在私たちが目にするパリの景観の大枠が完成します。十九世紀末からは、プジョーやルノーが自動車の生産を開始。それに合わせてタイヤメーカーのミシュランも発展。そのミシュランは、自動車や自転車で旅行する人に、旅先の有益情報を掲載したパンフレットを無料配布。現在のミシュランガイドの走りです。１９０３年にはやはり現在に続く世界的な自転車レース、ツール・ド・フランスも始まっています。この時期にはマスメディアも発達して、部数百万部を超える新聞も出始め、こうした新聞に掲載される大衆小説も人気を博します。有名なモーリス・ルブランの『怪盗ルパン』シリーズが始まったのこの頃。イギリスの探偵作品、『シャーロック・ホームズ』に対抗する、ささやかなフランス愛の発露です。他にもアール・ヌーヴォーと呼ばれる新芸術様式、セザンヌ、モネといった有名画家たちの活躍、百貨店ボン・マルシェに象徴される消費文化。フランスの国運は確かにかつてほどではありませんでしたが、それと引き換えにフランス文化は、まさしく百花繚乱の如く花咲き、パリはまさしく花の都で、世界中の憧れを集めました。

後にこの時代のことを振り返って、「ベル・エポック（良き時代）」と呼んで懐かしむほどです。それほどに、光り輝いて見えた時代です。しかし、そのベル・エポックに終わりを告げる事件が起きます。1914年6月28日、フランスから遠く離れたバルカン半島、サラエボでの一発の銃声でした。

この日、オーストリアの帝位継承者フランツ・フェルディナント夫妻が、訪問先のサラエボでセルビア人民族主義者により暗殺されます。オーストリアはセルビアを懲らしめ、場合によっては一戦交える覚悟で最後通牒（7月23日）。セルビアはこれを大方は受け入れるも、一部の主権にかかわる箇所だけは保留。これを不十分と見たオーストリアは、対セルビア宣戦布告（7月28日）。これを受けて、ロシアがセルビア支援のために総動員令（7月30日）。ならばとドイツがロシアに宣戦布告（8月1日）。のみならず、そのロシアの同盟国フランスにも機先を制して宣戦布告（8月3日）。そして一気に攻め込めと、中立国ベルギーの領土を侵犯。これを「ベルギーは自国の安全の生命線」と見なすイギリスが怒り、ドイツに宣戦布告（8月4日）。三国協商（仏英露）と三国同盟（独墺伊）、複雑に絡み合った同盟関係が作動して、第一次世界大戦が始まってしまいます。フランスはこの間、ポワンカレ大統領とヴィヴィアニ首相が7月20日〜24日までロシアを訪問。この旅程も7月16日に出航して、23日に「そろそろ帰るか」という、何とも呑気なもの。この一件がドイツとの大戦争になるなど、全く夢想だにせず。当事者全員が夢遊病者のごとく、動き始めた機械の歯車を制止できずに、気が付いたら戦争が始まっていた。そんな感覚だったのではないでしょうか。

これには三国協商と三国同盟、複雑に張り巡らされた同盟関係もそうですが、加えて各国の世論の熱狂もあります。皇位継承者を暗殺されたオーストリアはもちろん、それを後押しするドイツ、セルビア支援のロシア、ドイツ憎しのフランス。各国の世論が「やってしまえ！」と熱狂し、実際に開戦となると歓呼の声。こうした世論の熱狂というものが、多かれ少なかれ為政者の心理に影響を与え、「一戦交えねば収まるものも収まらない」というような空気感が醸成されていったのではないか。6月28日〜8月4日までの各国の動向を見ていると、どうもこの戦争は「その場の目に見えない空気に背中を押されるようにして、何となく始まってしまった」、そんな気がしてなりません。決して民主主義を否定するものではありませんが、民主主義が戦争を始めてしまう、エスカレートさせてしまうこともあるという一例。最初は「戦争にはならないさ」と高を括っていたフランスも、いざ開戦となれば、「待ちに待ったドイツへの復讐の機会到来！」と、途端に本気モードです。ヴィヴィアニ首相の戦時内閣には左派の社会党からも入閣して、挙国一致内閣が成立。世論も「ドイツを倒せ！」と大興奮。それまで戦争反対だった左派も、こうなったからにはと戦争支持。国を挙げてドイツとの戦争に向かいます。「クリスマスは家族と祝える」。そう、多くの人はこれまでの戦争の延長のつもりで、この第一次世界大戦に臨みました。

兵士も国民も政治家も。

戦闘の詳細は省きますが、独仏国境に沿って長蛇の塹壕戦が築かれた戦争は、四年の長きに亘りました。兵士たちはネズミがはい回る劣悪な環境、しかし出れば敵の砲弾の餌食という生き地獄。そんな第一次大戦は1918年11月、最後はドイツの自滅に近い形で終結。戦勝国となったフランスですが、その戦士者は約百四十万。参戦国全体で約一千万。兵器の発達によって、これまでの戦争とは桁違いの死傷者数。支払った代償もまたとてつもなく大きなものとなった、ほろ苦い勝利となりました。

勝ってもこれだけの大損害を被り、加えて普仏戦争に負けた恩讐もありますから、クレマンソー首相はドイツからただ分捕るだけでは飽き足らず、「二度と立ち上がれないようにしてやる!」と息巻きます。そのフランスの、やや過激な対独復讐心を英米、特にイギリスが抑えながら、という図式になります。イギリスは今次大戦ではドイツと戦いましたが、あまりドイツが弱くなり過ぎることも、それに比例してフランスが大陸で強くなり過ぎることも望まず。あくまでもこの島国の狙いは、大陸での勢力均衡。戦争が終われば、たとえ昨日まで手を組んでいた同士でも、国益を賭けた駆け引きが始まります。外交は冷徹です。そして仏英以外にも、連合国側の勝利を決定づけたアメリカは十四箇条宣言をひっさげて。途中から寝返りで参戦したイタリアはオーストリアからの領土奪還を目論んで。やはり連合国側で参戦した日本は、中華民国のドイツ根拠地の獲得を狙って。各国の思惑が錯綜する中で1919年1月、ヴェルサイユで講和会議が始まります。

連合国の中で最大の死傷者を出し、しかも自国が戦場となったフランスは、殊の外ドイツに対して厳しく臨みます。それはまさしく復讐でした。まずは長年の悲願、アルザス・ロレーヌを再奪取。国境付近のラインラントは非武装地帯として、賠償金を払い終えるまで連合軍が駐留。その賠償金は千三百二十億金マルク。数字を見るだけで、とんでもない金額であることが一目瞭然。フランスそしてイギリスも、ドイツからの賠償金でアメリカからの借款を返済するつもりでしたから、余計に取り立てが厳しくなります。他にもドイツ陸軍の兵力は十万まで。領土は三分の二に縮小し、他国へも割譲。ヴィルヘルム二世を戦争犯罪人として引き出せ、というものまで。クレマンソー首相は「ドイツが再び立ち上がれないように」、国力だけでなく面子も誇りも奪い取るつもりでした。フォッシュ元帥は、「これは和平ではなく、二十年の休戦」という意味深な警告を発します。想像を絶した膨大な損害に、賠償請求もついエスカレート。一方、戦後に創設された国際連盟において、フランスは日英伊と共に常任理事国となります。

戦勝国となったフランスではありますが、戦後の国の立て直しには一苦労します。ドイツとの主戦場となった北東部は、国内有数の工業地帯でしたが、そこが戦争によって荒廃し、さらに働き盛りの男性労働力が激減してしまったので、その埋め合わせに移民を受け入れるようになります。この頃からすでにフランスは、他国に先駆けて移民問題が発生するようになります。政界では急進社会党が最大政党で、右派に保守共和派、左派に社会党。その時々によって中道右派または中道左派の連立政権です。もっと右にはシャルル・モーラスが領袖のアクション・フランセーズ、もっと左にはコミンテルンへの加盟を支持した議員が社会党から出て創設した共産党。連立政権の常として、政権内の調整に手間取り、大事な決断に時間がかかる難点。しかしこの頃のフランスでは、右も左もほぼ一致していたのは、「反ドイツ」とドイツの抑え込み。

1923年、ドイツの賠償金支払いの滞りを理由に、ベルギーと共にルール占領。しかしこの強硬手段は逆に諸国の批判を浴び、撤退。その後、ブリアン外相が主導して、1925年にロカルノ条約が仏英独伊ベルギーの五か国で締結。仏独国境を画定し、ヨーロッパの問題を五大国、実質はベルギーを除く四大国で解決するというもの。これでひとまず仏独対立は緩和され、翌1926年、ドイツは国際連盟に加盟し、常任理事国に。同年、ブリアンと独外相シュトレーゼマンはノーベル平和賞を受賞します。このブリアン外相は、ケロッグ・ブリアン協定（通称は不戦条約・1928年）でも名を残します。こうして1920年代後半は比較的平穏に過ぎましたが、最後の最後でニューヨーク株式市場の大暴落を受けた世界大恐慌が発生（1929年）。

大恐慌発生当初、フランスは他国ほどその影響を受けませんでした。依然として農民層が多数を占め、また自己資本で回っている中小企業が多かったため、株式大暴落の影響は限定的でした。それでもイギリス（1931年）、アメリカ（1933年）がそれぞれ金本位制を停止して自国通貨を切り下げると、フランスも本格的な影響を受け始めます。さらにドイツで成立したヒトラー政権（1933年）が賠償金の支払いを停止すると、その収入もなくなり財政赤字が増大。こうした中、現職大臣が詐欺事件に関与していた「スタヴィスキー事件」（1933年）、それに抗議して極右諸派が共和政打倒のデモ活動を起こした「二月六日事件」（1934年）が起こり、相次いで内閣が短命で辞職する政治混乱。この極右の暴動、さらに隣国ドイツのヒトラー政権の脅威も受けて、対立を続けていた社会党と共産党が連立を模索して、1934年7月、社共の反ファシズム統一行動、35年7月に急進社会党も参加した人民連合となり、36年の総選挙に勝利して人民戦線内閣が成立。しかしスペイン内戦（1936～39年）で同じ人民戦線政府を支援できず、内戦のフランコ軍勝利と共にフランス人民戦線政府も事実上の崩壊。

しかし西のスペインよりも、東にはナチス・ドイツというより大きな脅威が迫っていました。ヒトラーは政権獲得後、国際連盟脱退（1933年）、再軍備（1935年）、そしてラインラント進駐（1936年）と、次々とヴェルサイユ条約違反を犯し、既存の秩序への挑戦を始めます。ドイツの国力も今や、ベルリン五輪を開催（１９３６年）できるまでに立て直してきました。そして３８年3月に、オーストリアを圧倒的多数の支持で併合。さらに同年、チェコスロバキアにドイツ系多数のズデーテン地方割譲を要求。チェコスロバキアがこれを拒否して総動員令を発すると、にわかに戦争の機運が高まります。この事態に英首相チェンバレン、さらにイタリアのムッソリーニが働きかけて、仏英独伊の四大国によるミュンヘン会談が開かれます（１９３８年）。フランスからはダラディエ首相が参加。当事国チェコスロバキアは蚊帳の外。この会談で「これを最後にする」ことを条件に、ズデーテン地方の割譲が認められます。しかしドイツは翌１９３９年、チェコスロバキア全土を占領。そしてお次はポーランドにダンツィヒ回廊を要求。ここに及んで仏英も「これ以上はもう無理」とポーランド支援に回り、その支援を当て込んで強硬にドイツの要求をはねつけるポーランド。その後も各国を巻き込んでの駆け引きが続く中、１９３９年8月23日、世界を驚愕させた独ソ不可侵条約が締結。これで東の安全を得たドイツはポーランドに侵攻（9月1日）。第二次世界大戦の開戦です。フォッシュ元帥の警告通り、休戦は二十年で終わりました。

ドイツ軍はポーランドをわずか三週間で制圧。しかしその後は冬に入ったこともあり、戦況に大きな動きはなく、「奇妙な戦争」と呼ばれます。しかし明けて１９４０年、ドイツ軍が本格的な攻勢を開始。デンマーク・ノルウェー・オランダ・ルクセンブルク・ベルギーをあっという間に占領。そして同年5月、遂に国境を越えてフランスへ侵入。フランス軍は北東部の国境に、「マジノ線」と呼ばれる要塞防衛線を築いていました。しかしドイツ軍は、その泣き所であるアルデンヌの森、湿地帯のため軍隊の進攻は不可能と思われていた地帯から進攻。加えて戦闘機をも投入していたドイツ軍に、マジノ線はまさしく無用の長物でした。フランス軍首脳部の頭の中は、二十年前の第一次大戦の時点で思考停止していました。そのマジノ線をあざ笑うかのように快進撃を続けたドイツ軍は6月14日、パリを占領。フランスは降伏。北部で懸命に防衛線を張った部隊も、やがてドイツ軍に包囲され、命からがらダンケルクからイギリスへと撤退。ドイツはパリを中心とする北部から大西洋岸のみを直接占領。中部から南部には、ドイツに協力することを条件に臨時政府を承認。首班は第一次大戦、ヴェルダン攻防戦の英雄ペタン元帥。その政府の拠点がヴィシーに置かれたので、通称ヴィシー政府と呼ばれています。諸外国はこのヴィシー政府を、新たなフランス政府として承認。しかし事実上、ナチスの傀儡です。

こうしてフランスは有史以来、最大ともいえる危機を迎えます。しかしこれと相前後して、ある一人の将校がボルドーから単身、イギリスへと亡命していました。そしてその将校は6月18日、BBC放送を通じてフランスに演説します。「フランスは負けていない。抵抗の火を絶やしてはならない！」と。この演説を聴いていたのは、国内でもほんのわずかで、その数少ない聞いた人も「一体何を言っているのやら」と呆れていたかもしれません。翌日、ある地方紙だけがこの将校の演説を記事にしています。しかしこの演説をどこまで真に受けたかは疑問。後に「六月十八日の男」と呼ばれることになるこの将校も、この時はまだ無名の一軍人でしかありませんでした。その将校の名はシャルル・ドゴール。フランスが危機に瀕した時に、必ずと言っていいほど登場する、救国の英雄です。

16　ドゴール　意志の力でフランスを戦勝国へ。真の救国の英雄

1890年11月22日、ドゴールはパリの下級貴族の家庭に生まれます。十九歳でサン・シール陸軍士官学校に入学。身長百九十センチという立派な体格を見込まれてです。第一次大戦には第三十三歩兵連隊の一員として従軍。三度負傷しますが、その都度復帰。最後の負傷時には、ドイツ軍の捕虜収容所に入れられ、そこから脱走を試みること六度。ある時には自分でピクリン酸という液体を飲んで黄疸症状を出して入院許可を得て、そこから仲間と共に見舞客に紛れて脱走。中立国スイスを目指して歩き彷徨うも最後には逮捕という、スパイ映画を実地でいくような武勇伝。戦後はポーランド軍顧問として派遣され、ボルシェビキ赤軍に勝利。帰国後に結婚、そして陸軍大学に入学。その評定には、「聡明で教養ある真面目な士官。才気と能力あり。素質十分。惜しむらくは過度の自信、他人の意見に対する厳しさ、**追放中の国王のごとき態度**により比類なき資質を損なう」。要約する

と「もっと謙虚に」。しかしこの謙虚さの欠片もない性格が、フランスを救うことに。ですがこういう性格ですから、上官とは事あるごとに喧嘩し、出世は遅れます。しかし不思議とウマが合ったのが、フィリップ・ペタン元帥。そのペタン元帥の推薦により中将に昇進し、陸軍大学で講演。その講演の内容は、1932年、後に『剣の刃』として出版されます。その他にも計四冊著作がありますが、その大筋の内容は「強力な軍隊、強力な国家・政府、機動化部隊による電撃戦、国を守るためには先制攻撃も辞さず」。しかし未だ厭戦気分の強い世論にも、政界・軍部にもやや刺激が強すぎて受け入れられず。やがて隣国ドイツでヒトラー政権が成立すると、軍拡を進めにわかに緊張が高まります。ドゴールは軍上層部に、「マジノ線はもはや役に立たず。戦車や戦闘機をより重用すべし」と再三に亘り提言しますが、受け入れられず。そして開戦。翌40年5月、ドイツ軍はアルデンヌの森から一気に侵攻。「この付近はぬかるみがひどく、戦車や歩兵の進軍には向かない」と、要塞も作られていませんでした。ドゴールは第四機甲師団を率いて懸命に奮戦するも、大勢は既にドイツ軍に。ドイツ軍の代名詞となった電撃戦。それはドゴールがその著作の中で主張したことを、ほぼそのまま実行。自軍には受け入れられず、最も熱心な読者はヒトラーだったという運命の皮肉。1940年6月15日、パリ陥落。コンピエーニュの森でドイツ軍との休戦講和に臨んだのは、かつての上官ペタン元帥。そのペタン元帥は、事実上のナチスの傀儡・ヴィシー政府の首班に。しかしドゴールはボルドーからイギリスへ亡命。ほとんど裸一貫、兵力なし、金もなし。フランス大使館からは宿泊拒否され、イギリスの議会からは厄介者扱い。前述のラジオ放送も議会の横やりで危うく中止になりかけるも、チャーチル首相が何とかごり押しして実現。そこで徹底抗戦の呼びかけ、そしてヴィシー政府を痛烈に批判。ヴィシー政府はドゴールを不在裁判にかけ、「国家反逆罪による死刑、財産没収、軍籍剝奪」の処分。文字通りの裸一貫、孤立無援となったドゴール。ここからどうやってフランスを救えるのか。しかし、シャルル・ドゴールのその名・ド（de）は英語のofと同様「～の」の意。ゴールは別名「ガリア」、フランスの古名。直訳すれば「ゴール（ガリア）のシャルル」。その名はまさしく、「フランスの英雄」になることが運命づけられたものでした。

ドゴールは「自由フランス政府」を名乗り、自分こそがフランスを代表する立場であると主張します。しかし残念ながら多くの国はヴィシー政府、正式国名は「フランス国」をフランス第三共和政、すなわちフランス共和国を継承する国家として承認します。当時の状況を見ればやむを得ないでしょう。何せ「自由フランス政府」といっても、その実態は事実上ドゴールただ一人。裸一貫から立ち上げた個人商店のようなものです。一方のヴィシー政府には、ひとまず政府機構とそれなりの領域、そして一定数の住民がいます。国際法では、領土・政府・住民の三つの実態が伴った方が国家として見なされます。しかしながら、ドゴールはそれぐらいでめげるようなやわな男ではありませんでした。**戦争に負けようが、占領されていようが、そんなことは関係なし。**今ここにいる自分こそが世界中で唯一人、フランスの歴史と栄光と正統性を一身に担う存在であると、強硬に言い張ります。イギリス軍が、ドイツ軍に接収される前にとフランスの艦隊を撃沈すれば、「誰に断ってやっているのか？　これは重大なフランスの主権侵害である」と、チャーチル首相に猛抗議。負けん気の強さでは人後に落ちないチャーチルも、「フランス？　それは今、どこにあるのだ？」とやり返します。ドゴールが「フランス、それは私だ！」と言ったかどうかは定かではありませんが、心情は間違いなくそうだったでしょう。因みにチャーチルとイギリスは、この時唯一「自由フランス政府」を認めている、ドゴールの最大の理解者です。その人に対してすらこの態度。この一件以外にも、とかく「占領されているだろ」と軽視されがちなフランスの国益と立場を、「それは許さぬ、私は認めぬ」と、相手が一国の首相だろうとお構いなしの大立ち回り。その立場は一介の軍の将校。しかしその立ち居振る舞いはまさしく、陸軍大学の評定に合った「**追放中の国王のごとき**」ものでした。

しかしドゴールがこれだけ、ある種のはったりをかまして、フランスの栄光と偉大さを声高に叫ぼうとも、それだけでは現実は変わりません。やはりフランスの解放に向けて、何らかの具体策を打っていく必要があります。それにはやはり協力者が必要不可欠です。内では対独抵抗を強めること、外では軍隊を味方につけること。まずドゴールの最大の支援者は、何だかんだ言っても英首相チャーチルでした。自由フランスをフランスの代表として認め、ドゴールに物心両面での支援を続けました。もちろんチャーチルとて、ただの慈善事業でドゴールを支援したのではありません。チャーチルは既にアメリカ・ソ連という欧州外の二大国が影響力を強めてくることを見越して、イギリスがこれら二大国に伍していくためには、フランスを味方につけておくことが不可欠、という思惑もありました。しかしそれだけではなく、個人的にもチャーチルは、何度もはらわたが煮えくり返る思いをさせられながらも、この信念のぶれないドゴールという人物に好感も抱いていました。それと対照的に米大統領ルーズベルトは、最後までドゴールを信用しませんでした。彼の中ではドゴールは「独裁者見習い」、ヒトラーやムッソリーニと同類でした。今一人の協力者は、ジャン・ムーラン。内務省の高級官僚であったムーランは、１９４０年9月にドゴールと合流すると、その手足となって活動します。度々フランス本土に密航し、各地でバラバラに繰り広げられていたレジスタンス活動をまとめ上げることに成功。１９４３年5月27日、レジスタンス全国評議会（ＣＮＲ）結成に結び付け、共産党まで含めて党派を超えた全ての組織を糾合させます。残念ながらムーランは４３年6月、ゲシュタポに逮捕され、ドイツへと移送される間に死亡。しかしその果たした役割は、イエス・キリストにとってのパウロやペテロの如し。ムーランの働きがなければ、レジスタンスの成功もその後の解放も、かなり遅れたでしょう。

一方でドゴールは、海外に駐屯するフランス軍を味方につけるため、精力的に動き回ります。その資金はおそらくイギリスから出たのでしょうが、チャーチルはヴィシー政府との関係もあるので、あまり派手にドゴールが動き回るのを好みません。しかしここでもドゴールは、そんなことはお構いなし。時と場合によっては、最大のパトロンでもあるチャーチルと喧嘩してでも初志貫徹。全ては祖国フランス解放のため。シリアやレバノン他各地でのヴィシー政府軍との戦闘で、イギリス兵が自由フランス軍兵士よりも数多く戦死することもありました。さすがに心中では「申し訳ない」と思ったかもしれませんが、それでもドゴールは**フランスが米英と対等の立場であるかのように、尊大さと威厳をもって、あたかもフランスのリーダー然として振る舞い続けました。**北アフリカでの戦闘では、連合軍はドゴールより扱いやすい、元ヴィシー派のダルラン提督を、ダルランが暗殺された後はペタン元帥に近いジロー将軍を後押しします。当然ドゴールはルーズベルトに猛抗議。同時にドゴールとジローの間でも主導権争い。しかしドゴールほどのカリスマ性がないジローは、フランス国民解放委員会（ＣＦＬＮ）が設立された後、軍事面での責任者に収まり、実質的なトップはドゴールに。それでもなおドゴールを毛嫌いする連合軍。この後もルーズベルトとの対立は続きます。なお自由フランスは１９４２年７月に、「戦うフランス」と名称変更しています。

連合軍内部で、このような丁々発止のやり取りが続きながらも、やはりアメリカの本格的参戦以後は、徐々に連合軍が形勢有利に。国内のレジスタンス活動も勢いづき、占領ドイツ軍の手を焼かせます。そして枢軸の弱い方、イタリアを陥落させ（１９４３年）、いよいよ第二戦線を形成して、本格的な大陸反攻へ。それが有名なノルマンディ上陸作戦（1944年）。ここでもドゴールは、「解放後の行政はフランス人がやる」。つまりイタリアのように、連合軍による統治は受け入れないと、鼻っ柱の強さを見せつけます。戦闘作戦ではフランス軍の役割が小さいと、チャーチルやルーズベルト、そして最高司令官アイゼンハワーとも大喧嘩。大陸反攻、そしてフランス解放の主役はあくまでもフランスであるべき。6月6日、史上最大の作戦が決行。連合軍は激戦を戦い抜いて進軍。8月25日、遂にパリ解放。その先頭に立つのはドゴールそして「戦うフランス」軍。ここで米英軍が先頭だったら、パリ市民そしてフランス人は如何ばかりの屈辱にまみれたか。ドゴールはその威信と面子を賭けて解放行進の先頭を勝ち取り、世界中にフランス解放をアピール。翌45年5月8日、ドイツの降伏により戦争は終了。そしてフランスは戦後、国際連合の常任理事国の一国に。戦闘では何一ついいところなく敗れたフランスを、いつの間にか「戦勝国」に潜り込ませたのは、一にも二にもドゴールが連合国首脳に対して、喧嘩しながらでも声高に言い続けた「フランスの栄光と偉大さ」、それによって守った国益。ここでもしドゴールが、「我が国は占領されているから」と、優等生の殊勝な態度でいたら…？　戦後のフランスは間違いなく二流国、米英の飼い犬に転落していたでしょう。それをさせなかったドゴールの「**意志の力**」そして**図太さ**。戦闘に負けようが占領されていようが、そんなことは関係ない。**フランスは偉大であり、栄光に輝く歴史があると言い続け、そのように振る舞い続けた。**これがあったからこそフランスは、戦闘には負けても戦争には勝った。まさしくドゴールこそ、真の救国の英雄です。

戦後のフランスではまず、コラボラシオン（対独協力者）の懲罰、コラボ狩りが吹き荒れます。占領当局やヴィシー政府によってドイツの戦時経済に組み込まれたため、シトロエン・ルノー・エールフランス・シャネルなど、一度は聞いたことのある企業がコラボ狩りの対象となり、経営者の懲罰や懲戒的国有化などの目に遭います。ナチス高官の愛人となっていた女性たちは丸刈りにされ、市中引き回し。当然、ユダヤ人の強制連行に関与した者も。やはりフランス人はやることが激しい。もっともこうしたことはフランス人が自ら省みればいいこと。ヴィシー政府のペタン元帥には死刑の求刑。しかし高齢を考慮されて無期禁固刑に。このヴィシー政府は、今に続くフランスの「心の闇」。できれば忘れてしまいたい、触れてほしくない、なかったことにしたい心の傷。その後の政治家も、コラボが明るみに出たり、疑惑が出るだけで政治生命のピンチになるほど。

その後は国を再建していく大仕事があります。ドゴールは臨時政府の主席に任命されて組閣。しかしレジスタンスで主要な役割を果たした共産党、人民共和運動（ＭＲＰ）、社会党などはやはり無視できず。元来ドゴールは、第三共和政の混乱の元凶が、政党間の不毛な議論にあるとみており、政党が大嫌い。案の定、そうした政党間の争いが再燃し、これに嫌気がさしたドゴールは辞任（１９４６年1月）。その後も連立内閣による混乱が続くも、同46年10月、女性の参政権が認められた憲法が採択され、第四共和政が始まります。

しかし相変わらず党派争いで不安定な第四共和政には、内では国の再建、外では海外植民地の清算という大仕事が待ち受けます。経済の方が意外にも好調で、アメリカによるマーシャルプランの影響などもあり、第一次オイルショック（1973年）が発生するまで、「栄光の三十年」と呼ばれる好況。幸か不幸か早々に降伏したことで、国土が戦場とならず、産業基盤がほぼ残ったことも要因でしょう。しかし海外では戦後、植民地解放・独立の動き。フランスにはもはや、いくつもの植民地を抱える余裕がないのは明らかでしたが、それでも過去の栄光にすがって最後のあがき。しかし時代の流れには逆らえない。インドシナでは、1946年2月からヴェトナム独立同盟会（ヴェトミン）との戦闘が始まっていましたが、1954年5月ディエンビエンフーで大敗し、その後アメリカの仲介で撤退。インドシナの植民地はヴェトナム、カンボジア、ラオスとしてそれぞれ独立。その後は共産勢力とアメリカとのヴェトナム戦争に発展。1956年、エジプトのナセル大統領によるスエズ運河国有化。フランス人レセップスが手がけたこの運河の利権を守るため、英・イスラエルと軍事介入するも、米ソ両大国に恫喝されて撤退。今や世界を仕切るのが誰なのか、現実をまざまざと見せつけられる屈辱。そしてアフリカの植民地は1960年、「アフリカの年」に軒並み独立。もはやフランスはヨーロッパの地域大国に。

そのヨーロッパでの最大の問題は、ドイツとの関係修復。しかし八十年間で三度の大戦争を戦った両国。その道のりは簡単ではありません。ついこの前まで、パリを我が物顔でのし歩いていた連中と仲直りできるのか。しかし今や米ソの冷戦が始まり、ドイツは自由主義体制の西ドイツ、社会主義の東ドイツに分断。東欧諸国は軒並み共産党一党独裁体制となり、ソ連の傘下に。共産主義の脅威は目の前に迫る。ここは西欧で団結せねばという危機感の方が勝ります。そして仏独協調の名案を出したのがフランス人。実業家にして計画庁長官として入閣もしていたジャン・モネが、「ルールの石炭とロレーヌの鉄鉱を融合させて共通市場を」という絶妙な案を出し、これを外相ロベール・シューマンがベネルクス三国にイタリアまで巻き込んで、欧州石炭鉄鋼共同体（ECSC）へと結実させます。シューマン・プランと呼ばれていますが、シューマン・モネプランと呼んであげた方がいいほど。これが後にEEC（欧州経済共同体）↓EC（欧州共同体）↓EU（欧州連合）へと発展してくのはご存じの通り。こうして独仏両国の係争の地となってきたこの国境地帯は、もはや両国だけでは勝手にできない国際共同管理に。特にベネルクス三国はホッと一息でしょう。何せ仏独両大国が戦争する度に、軍隊の通行路扱いをされる悲哀を舐めてきたこれら三国。彼らにとっては、自国の平和＝「仏独を戦争させないこと」でした。

ヨーロッパの近隣諸国とは安定した関係が築かれ始めますが、一方地中海の向こう側、アルジェリアにも独立の機運が高まってきました。ここは地理的にも近く、１８３０年から入植者も多数いますから、事実上「フランスの県、ただ間に地中海があるだけ」という感覚です。重要度も高く、他の植民地と違ってそう簡単には割り切れません。当地では１９５４年頃から、アルジェリア民族解放戦線（ＦＬＮ）の活動が活発化。しかし戦いが泥沼の様相を呈してくると、疲れた世論からは「独立を認めてもいいのでは？」という意見が出始めます。これに危機感を覚えた現地の軍と市民の一部が蜂起（５８年５月）。パラシュート部隊がコルシカ島を制圧し、さらにパリをも窺おうかという勢い。ボナパルトのエルバ島脱出、はたまた隣国スペインのような内戦をも予感させる緊急事態。ここで蜂起軍からも、国民や一部の議員たちからも「彼しかいない！」と白羽の矢を立てられたのが、隠退していたドゴールでした。

再び訪れたフランスの危機に、いわば双方から望まれる形で復帰を決意したドゴール。１９５８年６月に組閣すると、「この問題を解決するには強力な権限が不可欠」と、全権委任と憲法改正の提案権を期限付きで獲得。こうして新憲法草案を国民投票にかけ、圧倒的多数の賛成で十月五日に公布。ここに現代まで続く第五共和政が発足。これまでと違い、大統領権限が大幅に強化されています。こうしてまず、足場を固めた上でドゴールは問題解決に着手。ドゴールは、蜂起軍に対して、「あなた方の考えは分かった」と、どちらにも取れる微妙な返事。しかし本心では、「もはやアルジェリアは手放すべき」という考えに傾き始めていました。その後の展開に「話が違う！」と激怒する蜂起軍。しかしこれは蜂起軍による一方的な片思い。命の危険に何度も遭いながら、ドゴール大統領は１９６２年3月18日、ＦＬＮとエヴィアン協定を締結し、アルジェリア独立を承認。それでも納得のいかない蜂起軍はなお抵抗を続けますが、国民の支持も得られずやがてそれも下火に。もはや植民地を持つ時代ではなくなっていました。

ドゴールは強烈な愛国者であると同時に、アルジェリア動乱への対応を見れば明らかなように、冷徹なリアリストでもあります。ヨーロッパにおいては、シューマンやモネが推進してきた欧州統合路線を継承。１９６３年にはかつての敵国ドイツ（この時は西ドイツ）と独仏相互協力条約（通称エリゼ条約）を締結し、独仏和解。以後西独首相アデナウアーと組み、ヨーロッパを米ソに対抗する第三の極として発展させていくことに。しかしながら完全な国家統合ではなく、各主権国家による緩やかな連合体で、その主導権を握るのは当然フランス。そのためドゴールは、その主導権の邪魔になりそうなイギリスのＥＣ加盟には徹底して「ノン」。そしてアメリカに対しては、ケンカ別れしない範囲で自主路線を主張し続け、中華人民共和国の承認（６４年）、核実験（６６年）、ＮＡＴＯ（北大西洋条約機構）の軍事機構脱退（６６年、２００９年に復帰）と、フランスらしさ発揮。これには自分を冷遇し続けた故ルーズベルトから連綿と続く、対米不信もあったか。同じくチャーチルには感謝し恩を感じてはいても、「イギリスはアメリカによるトロイの木馬」という不信感、反アングロサクソン感情があったか。カナダ訪問時には、フランス語圏のケベックで「ケベック万歳！」と絶叫し、仏英二か国語が公用語のカナダで、強烈なフランス・ナショナリズムを炸裂。

ドゴールが成立させた第五共和政の大統領は、強力な権限を与えられた「共和主義的君主」とも呼ばれます。大革命以降の約二百年、様々な政体の変遷を繰り返してきたフランスには、一つだけはっきり言えることがあります。これは強力なリーダーの下でなければまとまることができない国民ということ。大革命で国王を自らの手で葬ってしまったフランス人は、糸の切れた凧のように彷徨い試行錯誤を続け、心の奥底では「自分たちを統御してくれる何か」を求めて、色々な政体を試してきましたが、全て短命。長くても第三共和政の七十年。その間、ボナパルト、ナポレオン三世、ティエール、クレマンソーそしてドゴールと、強烈なリーダーシップの下にあるか、二度の世界大戦のような疑いようもない危機の時しか（実はそれも怪しいが）、まとまることができない国民性です。ドゴールが提供した第五共和政は、君主のような大統領の下で、フランス人がまとまることができる体制でした。しかし一方で、こうした強力なリーダーに反抗したくなるのも、またフランス人です。1968年、世界的に学生の社会運動が吹き荒れます。ちょうど戦後のベビーブーム世代、日本では団塊の世代と呼ばれる人々です。それが最も激しかったのがフランスです。これら学生に労働運動やヴェトナム反戦運動なども絡まり、彼らは「十年は長すぎる！」と反ドゴールデモ。これに対してドゴール支持派も、シャンゼリゼ通りを埋め尽くすほどのデモ行進。またもや革命を予感させるような国論の二分。ドゴールはいくつかの政治改革の信を問う国民投票と下院の解散総選挙を実施。総選挙はドゴール派の圧勝。しかし翌69年の国民投票で改革案は否決され、それをもって辞任。自身の案で大統領の国民直接選挙を導入し、国民と繋がり共にあることを求めた大統領は、国民の信を失った時に辞任する、というのがドゴールの考えでした。この辺りは根が軍人で、政党政治家ではないがゆえの潔さでした。そして翌70年11月、ドゴールは八十歳で死去。その後半生はまさしく、その一身でフランスの全てを担った最後のカリスマでした。

17　それでもフランスは【図太く】勝ち残る

共和主義的君主と呼ばれるフランス大統領ですが、真に君主然として振る舞えるカリスマ性を備えていたのはドゴールだけで、当然ながら全員がそのようなカリスマ性を持ち合わせてはいません。以後の大統領は「ゴーリスト」としてドゴール路線の継承を掲げながら、とある局面では現実路線に舵を切ります。次の大統領ポンピドゥーはイギリスＥＣ加盟を承認。続くジスカールデスタンの時代には、首相に据えたジャック・シラクと対立し、ジスカールデスタンは中道のフランス民主連合（ＵＤＦ）、シラクは保守派の共和国連合

（ＲＰＲ）を結成し、保守は分裂。創業オーナー亡き後の社内闘争の如く、カリスマ亡き後には起こりがちなこと。そして１９８１年、社会党のフランソワ・ミッテランが大統領に。記者に愛人との隠し子を追及されると、「それが何か問題でも？」と平然と言い放つ、図太さの持主。さすがにこれに学ぶのは、勇気が要りますが。この間、フランス経済は「栄光の三十年」が終わり、低成長時代へ。その８０年代、米レーガン、英サッチャー、西独コールと、西側の主要大国では保守の長期政権が続き、ソ連との冷戦が激化。その中では異色の左派政権のミッテランでしたが、基本的にはその協調を崩すことなく、ソ連と対峙します。８６年には保守派のシラクが首相となり、保革共存政権（コアビタシオン）成立。そしてこの８０年代の最後、１９８９年。フランスにとっては大革命二百年の節目の年。しかしヨーロッパではもっと大きな革命。東欧諸国の共産党一党独裁が相次いで崩壊。その象徴が11月9日のベルリンの壁崩壊。そして俎上に上がってきたのが、ドイツ再統一。

敗戦による占領そして分断以来、四十年待ち焦がれた国民的悲願を成し遂げるのは、今この時しかない！　と息巻く西独コール首相。しかし戦争から四十年経っても、色々な条約を結んでも、なお周辺国はドイツが再統一されて強大化することに、内心では戦々恐々。それはドイツに占領されたフランスも同じ。八十年間で三度の戦争、国民の心底には今なお「ドイツ恐怖症」が。ましてやミッテランは占領下、レジスタンスに従事していただけに、その胸中はいよいよ複雑。英首相サッチャーは露骨に反対。ソ連書記長ゴルバチョフは言を濁しながらも、NATOの軍隊が東ドイツに来ることを警戒。各国の思惑が絡まる駆け引きと話し合いが続いた末、統一ドイツはECそしてNATOの傘下に置かれる。国境線の変更はしない。つまりヒトラーのように、オーストリアやチェコスロバキアにまで領土は求めない。これを条件に承認され、1990年10月3日、ドイツは再統一。余談ですが、1980年代の二度のサッカーW杯（82年・86年）。フランスは二度ともベスト4まで勝ち進むも、いずれも準決勝で敗退。その負けた相手は、いずれも西ドイツ。ドイツ恐怖症はスポーツ界にもあったか。

1991年、ソ連崩壊で冷戦も終結。1992年、マーストリヒト条約発行でEU（欧州連合）正式に発足。95年、保守派のシラクが大統領に。ドゴール以降、最もゴーリストらしい大統領。日本人には大相撲の大ファンとして有名でした。そのシラクは2003年、アメリカによる対イラク開戦を巡って、ドイツと共に最後まで強硬に反対し、フランスの独自性をアピール。一方国内では、移民増加による社会の摩擦が顕著に。98年、フランスはサッカーW杯で悲願の初優勝。その原動力となったのは、アルジェリア移民二世のジダンや、カメルーン・セネガルといったアフリカ系移民の子孫たち。しかしこうした一部の成功者たちの陰では、多数の移民たちが社会の底辺で苦しみ、それに伴う治安の悪化・暴動・デモ、そして移民排斥運動も勢いづきます。2002年の大統領選では、その移民排斥を主張する国民戦線のジャン・マリー・ルペンが、最終決戦投票にまで残る衝撃。サッカー選手のジダンが、「ルペン氏が大統領になるなら、自分は同年のW杯を辞退する」と政治発言するまでに。結局シラクが再選を果たしますが、以降は移民問題がフランス社会の中で定着。

同じ2002年、共通通貨ユーロ導入。やはり同年、大統領の任期は七年から五年に短縮。シラク以後の大統領はサルコジ、オランド、そしてマクロン。いずれも小粒な感は否めず。2005年からドイツ首相として長期政権を築いた女帝メルケルの子供扱い。そのEUはここまでフランスの政治・外交力とドイツの経済力を車の両輪として、時にイギリスが異議申し立てをするという微妙なバランスで動いてきましたが、メルケル首相以降、統一の負担を徐々に克服してきたドイツの一強体制が目立ち始めます。東欧諸国は事実上、ドイツへの安価な労働力の供給と商品の輸出先に。さらにリーマンショック（2008年）、ギリシア債務危機→ユーロ危機では、ドイツの緊縮財政を「地中海クラブ」またの名をPIGSと呼ばれるポルトガル、イタリア、ギリシア、スペインに上から目線で押付け、またもやもたげてきた「傲慢なドイツ人」に不満噴出。しかし自国も経済不振で大統領も小粒なフランスは、ドイツへの抑えが以前より弱まり、そんなドイツの一強支配体制に嫌気がさしたか、イギリスがEU離脱（2020年）。そしてコロナ禍にウクライナ・ロシア戦争、さらに中国のアメリカ覇権への挑戦。世界は冷戦以降の秩序が音を立てて崩れ始める大混乱。現大統領マクロンは、エリートで頭は良さそうだが、どこか軽量感が否めず。今ヨーロッパには各国を見回しても、ヨーロッパ全体を仕切れる大物指導者が不在。米中露の大国間でこのまま埋没してしまうのか。

いやいや、こういう激動期にこそ、救世主のような人物を輩出してきたのがフランス。そのフランス伝統の「**追い込まれた時の土壇場の底力**」「**最後にはいつも勝ち組に残っている図太さ**」が発揮されるのか。

出でよ！　ドゴール！　優等生のフランスなど面白くない！　嫌われても尊大で傲慢なフランスこそが欧州の中心たるべき！

最後に

窮地のフランスを救い、勝ち組に残らせた「**図太いフランス**」の象徴。

アンリ四世
タレイラン（やや毒が強すぎるかもしれませんが）
ドゴール

真にフランスから学ぶべきはナポレオン・ボナパルトではなく、ブランド品・グルメ・ワイン・ファッションでもなく、

黒を白と言いくるめ、とにかく自分の正当性を主張し続け、途中で躓いて（負けて）も、**最後には必ず勝ち組にいる図太さ！**　これこそが、フランスの真骨頂。その象徴がこの三人の人生物語です。巻末にこの三人の人生を学ぶのにお勧めの本を紹介しておきます。

鼻につくけどなぜか放っておけない。
ムカつくこともあるが、時に羨ましくもある
お高くとまってはいるが、ここぞという時にはなりふり構わず泥臭い

そんなフランスが、これからも「世界を飽きさせない国」であり続けることを期待して、筆をおきます。

あとがき

私は学会に身を置く研究者ではなく、あくまでも市井の歴史書愛読家から長じた、歴史作家です。そんな私はかつて、前世のオーラを見ることができるという方から、「あなたの前世はフランス付近の中小貴族」と言われたことがあります。それが影響したのか分かりませんが、この度フランスの歴史に関する本を上梓させていただく運びとなりました。

私が歴史に大きく興味を抱くようになったきっかけは、振り返れば1989～91年のこと。高校生から大学に入学した、人生でも最も多感な時期に、日本では昭和から平成への改元、世界に目を転じれば東欧共産諸国の一党独裁崩壊、ベルリンの壁崩壊からドイツ統一、湾岸戦争、そしてソ連邦の崩壊という、世界史の激動を目の当たりにしたことが大きかったかもしれません。

ヨーロッパ史に興味を持つようになったのは、やはり1990年サッカーW杯イタリア大会に関する、『Number』などのスポーツ雑誌を読んだこと。その中の記事にサッカーの戦術や選手のことだけではなく、イタリアの都市間の対立感情や国同士の因縁の歴史のことも書かれていて、そこから気が付いたら関連する本を読み漁るようになりました。

大学を卒業して社会人となってからも、学者の方々のように体系的にではありませんが、歴史や古典を読み漁るのが趣味に。社会人生活の中では、多くの皆様と同様、悩むこともありましたが、年齢を重ねていくとともに、そうした悩みの解消方法を歴史上の故事に求めることも多くなりました。

やがて訳があって独立。歴史作品を書くということを仕事に選んだのは、教育者としての傍らで、地域の郷土史編纂なども手がけていた、母方の祖父の影響を無意識のうちに受けていたのかもしれません。独立してからは、正直稼げなくてどん底に喘いだこともありましたが、どうにか生き続けてこられました。それは家族、これまでの人生で関わってくれた方々、見えないところから見守ってくれているご先祖の皆様、そして私が信仰する神様のおかげです。正直、私の顔など見たくないという方もいるでしょうが、そういう方も含めて、全ての皆様に感謝申し上げます。

この本は、文芸社様に原稿を読んでいただき、評価をいただいたことから、話が始まりました。本来ならパリ五輪（２０２４年）に合わせて出版できれば良かったのですが、その間に私をここまで育て、人生のどん底の時も常に見守ってくれていた母が死去したり、私の一身上の都合などもあり、延び延びとなってしまいました。この度無事出版させていただけることを、改めて深く感謝申し上げます。

冒頭にも書いた通り、私は生き抜いていくに当たって、【(清く)しぶとく図太くしたたかに】ということをモットーにしています。本書では【図太く】をフランスに学ぶ内容で書きましたが、本書が好評を得られるようであれば、

【しぶとく】→ドイツ
【したたかさ】→イタリア
さらに付け加えて
【えげつなさ】→イギリス

に学ぶ姉妹本も上梓しますので、ご期待ください。

原稿を読み評価をいただいた文芸社の青山康之様、文庫本で出版の話をいただいた今井周様、そして編集の方、誠にありがとうございました。

この本は以下の方々に捧げます。

○好き嫌いに関わらず、これまで私の人生に関わっていただいた全ての皆様
○叱責も含めて、私が道を誤らないようにしてくれた親戚一同の皆様
○私に歴史の本を書く道標を示してくれた母方の祖父
○厳しくも愛情をもって私が生きる基盤を築いてくれた亡き父
　そして、
○私をこの世に生み、人生のどん底の時でも味方でいてくれた亡き母

　これが私の生きざまです。

　２０２５年　戦後八十年の年に

【（清く）しぶとく図太くしたたかに】

小園隆文

参考文献

『一冊でわかるフランス史』福井憲彦（監修）　河出書房新社　２０２０年
『フランス史10講』柴田三千雄　岩波新書　２００６年
『フランスの歴史を知るための50章』中野隆生・加藤玄（編著）　明石書店　２０２０年
『世界各国史12　フランス史』福井憲彦（編）　山川出版社　２００１年
『世界各国史11　イギリス史』川北稔（編）　山川出版社　１９９８年
『ケルト神話の世界』ヤン・ブレキリアン　中央公論社　１９９８年
『ガリア戦記』カエサル（著）　近山金次（訳）　岩波文庫　１９４２年
『カロリング帝国の統一と分割―ニタルトの歴史四巻』ニタルト（著）　岩村清太（訳）　知泉書館　２０１６年
『カペー朝　フランス王朝史1』佐藤賢一　講談社現代新書　２００９年
『ヴァロワ朝　フランス王朝史2』佐藤賢一　講談社現代新書　２０１４年
『ブルボン朝　フランス王朝史3』佐藤賢一　講談社現代新書　２０１９年
『英仏百年戦争』佐藤賢一　集英社新書　２００３年
『百年戦争』フィリップ・コンタミーヌ　白水社　２００３年

『中世英仏関係史１０６６－１５００　ノルマン征服から百年戦争終結まで』朝治啓三・渡辺節夫・加藤玄（編著）　創元社　２０１２年
『中世の光と影（上）（下）』堀米庸三　講談社学術文庫　１９７８年
『英国王室史話』森護　大修館書店　２０００年
『お菓子でたどるフランス史』池上俊一　岩波ジュニア新書　２０１３年
『ルネサンスの歴史（上）（下）』モンタネッリ　ジェルヴァーゾ　中公文庫　１９８５年
『仏独関係千年紀　ヨーロッパ建設への道』宇京賴三　法政大学出版局　２０１４年
『ヨーロッパ人』ルイジ・バルジーニ（著）　浅井泰範（訳）　みすず書房　１９８６年
『怪帝ナポレオン三世　第二帝政全史』鹿島茂　講談社学術文庫　２０１０年
『教養としてのフランス史の読み方』福井憲彦　ＰＨＰエディターズ・グループ　２０１９年
『フランス史　上・下』アンドレ・モロワ　新潮文庫　１９５５年
『嘘だらけの日仏近現代史』倉山満　扶桑社新書　２０１７年
『ルイ16世　ガリマール新評伝シリーズ世界の傑物３』ベルナール・ヴァンサン　祥伝社　２０１０年
『太陽王ルイ14世　ヴェルサイユの発明者』鹿島茂　ＫＡＤＯＫＡＷＡ　２０１７年
『宰相リシュリュー』小島英記　講談社　２００３年
『フランス現代史』小田中直樹　岩波新書　２０１８年

『フランス現代史　英雄の時代から保革共存へ』渡邊啓貴　中公新書　1998年

アンリ四世関連
『アンリ四世　自由を求めた王』フランソワ・バイルー　新評論　2000年

タレイラン関連
『悪の天才タレイラン』長塚隆二　読売新聞社　1990年
『ナポレオン　フーシェ　タレーラン』鹿島茂　講談社学術文庫　2009年

ドゴール関連
『シャルル・ドゴール　歴史を見つめた反逆者』ミシェル・ヴィノック　作品社　2021年
『ドゴール　ガリマール新評伝シリーズ世界の傑物7』エリック・ルーセル　祥伝社　2010年

著者プロフィール

小園 隆文（こぞの たかふみ）

1972年生まれ。20年の会社員生活の後、ヨーロッパ史を中心とする執筆開始。歴史や人物から学べる人生の叡智を、現代を「(清く）しぶとく・図太く・したたかに」生き抜くための手法として読者に伝える。AmazonでPOD著書多数出版。独自開発の「ヨーロッパ史サバイバル術講座」の運営。会員制メール講座【学校の先生が教えたくても教えられない世界史】配信中。

最後には『図太く』
勝ち残る国・フランス

2025年 4 月15日　初版第 1 刷発行

著　者　小園 隆文
発行者　瓜谷 綱延
発行所　株式会社文芸社
〒160-0022　東京都新宿区新宿1－10－1
電話　03-5369-3060（代表）
03-5369-2299（販売）

印　刷　株式会社文芸社
製本所　株式会社MOTOMURA

ISBN978-4-286-26320-5